Contents

Chapter 01
풍선아트
Balloon Art About

Chapter 02
요술풍선응용
Magic Balloon

Chapter 03
풍선장식응용
Balloon Decoration

Chapter 04
풍선장식 디자인
Balloon Decoration Design

Chapter 05
전문가를 위한 메뉴얼
Manual for balloon professional

풍선으로 사과를 만들어 볼까?

풍선이란
고무, 비닐, 알루미늄, 종이 등으로 어떤 형태를 이루고 있어서
그안에 공기나 헬륨 가스 등을 넣어 부풀게 하여져 있는 상태를 말합니다.

www.abpn.or.kr

Chapter 1

풍선아트

1. 풍선의 역사
2. 풍선의 원료
3. 풍선의 종류
4. 풍선과 함께 사용하는 부자재
   1) 장비
   2) 장식용 부자재
      1. SDS
      2. RMS
      3. MADS

Chapter 01 풍선아트

1. 풍선의 역사

　B.C2세기경에 중국인들이 종이풍선을 만들었고 그 이후에도 일본, 중남미, 이탈리아, 브라질, 프랑스 등 여러 나라에서 풍선을 만들었다.
　세계 최초의 고무 풍선은 1824년 영국의 마이클 패러데이(Michael Faraday) 교수가 천연고무라는 물질에 수소를 주입한 실험에서 만들어졌다. 두 장의 고무를 함께 겹쳐 놓고 둥글게 자른 다음, 고무의 가장자리를 함께 눌러 그의 실험용 풍선들을 만들었다.
　천연고무의 접착력으로 인해 풍선 안에 밀가루를 넣고 비벼서 전체 고무면이 서로 붙지 않게 하였다. 그 다음해인 1825년, 파이어니어 고무 제조회사의 토마스 핸 콕이 고무용액이 들어 있는 병과 고무용액 응축 펌프로 구성된 손수 만드는 고무풍선 세트를 소개하면서 장난감용 풍선이 시작되었다.
　현대의 장난감용 풍선의 원형으로 간주될 수 있는 고무를 경화시켜 만든 장난감 풍선은 1847년 영국의 런던에서 J.G Ingram이 처음 제작했다. 이 풍선들은 이전의 풍선과는 달리 기온의 변화에 영향을 받지 않았다.

2. 풍선의 원료

　공기나 헬륨 등 기체를 불어 넣을 때 부풀어 올라 어떤 형태가 되는 고무풍선은 고무나무에서 생산되는 우유빛 액체인 라텍스(LATEX)를 이용하여 만든 풍선으로서, 자연에서 분해되어 환경에 영향을 미치지 않는 것으로 알려져 있다.
　라텍스는 고무나무에서 구멍을 뚫어 채취하며, 급속한 고형화를 막기 위해 암모니아수를 섞게 되고, 원심 분리법을 이용해 농도를 높인다. 라텍스는 순수한 식물성 원료이므로 자연에서 생 분해되며, 나뭇잎이 썩어 분해되는 속도와 같은 속도로 분해되는 것으로 알려졌다.

3. 풍선의 종류

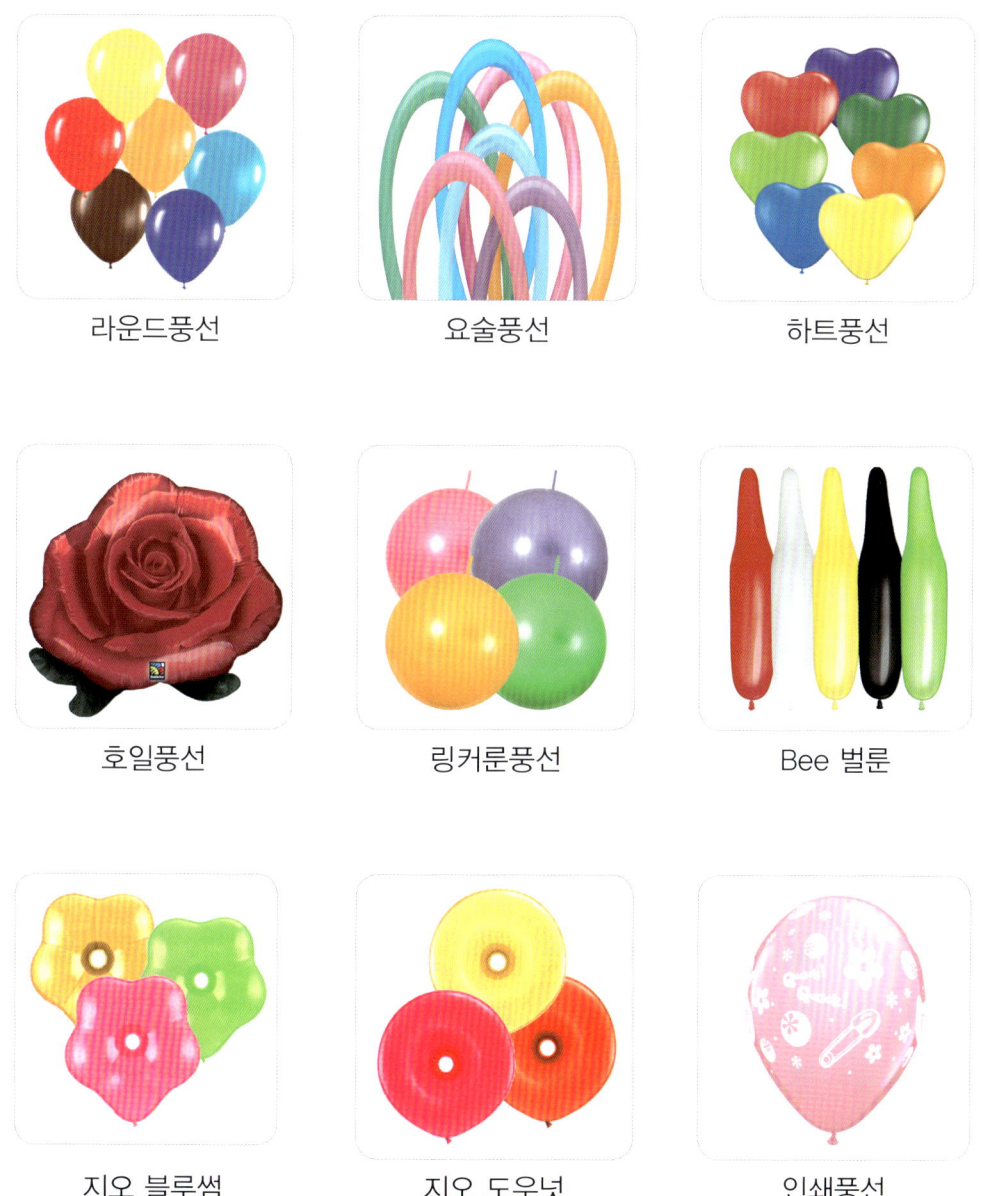

라운드풍선	요술풍선	하트풍선
호일풍선	링커룬풍선	Bee 벌룬
지오 블루썸	지오 도우넛	인쇄풍선

※기타 그 밖의 풍선들

1) 애드벌룬(AD-BALLOON) : PVC 비닐수지를 사용해 고주파 열처리로 눌러 붙여 만듦.

2) PE풍선: PE 재질로 고주파 열처리로 제작

3) 플라이 가이(스카이 댄서) : 바보트와 비슷하게 만든 조형물의 상단에 구멍을 뚫어 송풍기의 바람에 의해 자유롭게 움직이게 움직이게 만든 조형물

4) 막대풍선 : 응원소품으로 주로 사용되며 PE재질로 되어있다.

5) 포토벌룬 : 18cm, 28cm 두가지 크기의 종이재질로 사진을 인쇄할 수 있는 반영구적인 풍선

6) 알루미늄 풍선 (Foil Balloon)
알루미늄 풍선은 우리가 알고 있는 은박풍선이라고 하는 것으로 얇은 비닐원단에 알루미늄을 붙여서 만든 풍선으로 자연에서 생 분해되지 않는 화학 물질이다.

알루미늄 풍선과 관련된 용어

1. 셀프실링벨브(자동실링장치) : 18인치 이상의 호일풍선에는 자동 잠금 장치(자동실링)가 되어있어 호일풍선을 불면 바로 자동으로 접착이 되어 기체 보관력이 우수하다.
2. 실링기 : 열 접착기로 자동 장금 장치가 되어있지 않은 호일 풍선에 사용한다. (실링 기가 없을 때는 다리미를 사용한다.)

◆알루미늄 풍선의 주의점

온도에 민감하고 신축성이 없어 너무 많이 불면 터지므로 주의해야 한다. 특히 온도변화가 심한곳으로 이동시 팽창하거나 수축하므로 작업장과 장식하는 곳의 이동시 온도변화에 주의해야 한다.

4. 풍선과 함께 사용되는 부자재

풍선장식을 하기 위해선 여러 가지 장비들이 필요하다. 가장 기본적으로 갖추어야 할 품목들을 소개한다.

1) 장비

① 손 펌프(핸드펌프)

요술풍선이나, 작은 풍선을 불 때 주로 쉽게 사용하는 손 펌프이다.

160 손펌프

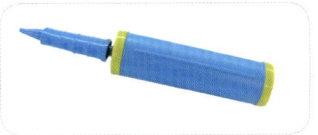
260 손펌프

② 인플레이터(자동펌프)

전기를 이용한 풍선에 바람을 넣는 장비이다.

풍선을 불 때 사용되어지며 인플레이터 상단에 있는 뾰족한 부분에 풍선꼭지를 갖다 대고 누르면 바람이 나오면서 풍선이 불어진다.

〈주의사항〉
· 라운드 인플레이터는 바닥이나 옆면에 있는 구멍으로 바람을 빨아들이므로 주변에 풍선이나 비닐 등을 놓아두지 않는다.
· 큰 풍선을 불기 위해 너무 오랫동안 누르고 있으면 과열되어 고장의 원인이 될 수 있다.

라운드 인플레이터

무소음인플레이터

③ 사이져

풍선을 같은 크기로 불기 위해 크기를 잴 때 사용된다.

여러 가지 종류가 있지만 보통 양면 사이져를 사용한다.

방법 : 풍선을 원하는 사이즈 보다 크게 분 다음 사이져를 통과 시키면서 사이즈 안에 들어가도록 바람을 빼주어 크기를 맞춰주면 정확한 크기의 풍선을 만들 수 있다.

④ 바닥판

바닥판은 실내·외와 설치 장소에 따라 다양한 무게의 재료가 사용된다. 종류로는 플레이트(쇠판), 물통, 플라스틱 바닥판, 원형철제 바닥판, 케익판 등이 있다 .

플레이트   플라스틱 받침판   물통

⑤ 낚시줄

풍선과 풍선을 연결할 때 많이 사용되며 5호랑 12호를 가장 많이 사용한다.

플라스틱 받침판

⑥ 벌룬 네트망

벌룬 릴리즈나 벌룬 드롭 대형 조형물 만들 때 주로 사용된다.

소   대

⑦ 폴대

풍선 아치를 쉽게 설치할 수 있는 스틱으로 총길이는 6m로 제작되었으며 연결부위를 절연테이프로 고정시킨다.

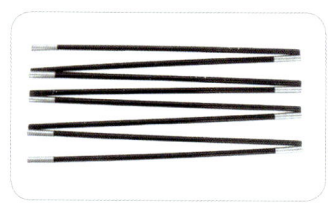

⑧ 알루미늄 파이프

대형 : 조형물 등을 장식할 때 사용되며, 9mm, 12mm, 16mm, 19mm 등이 있고 길이는 3m이다.

⑨ 알루미늄 로드

길이는 2m로 제작되어 있으며 강성, 연성으로 분류되며 지름은 보통 6mm size를 많이 사용한다.

⑩ 지피 랩 (Jiffy Wrap)

풍선속에 사탕이나 인형 등을 넣는 장비로 3종류의 크기가 있다.

⑪ 벌룬스터퍼

풍선 속에 좀 더 큰 인형이나 선물 등을 보다 쉽게 넣고 장식할 수 있는 장비이다.

⑫ 벌룬샤인(벌룬실드)

풍선 외부에 바르는 풍선 코팅제로 풍선의 광택을 유지시켜 주며 산화도 예방할 수 있다.

⑬ 무게추

헬륨 장식을 할 때 헬륨을 고정시킬 수 있는 추

  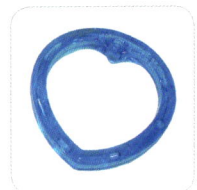

⑭ 마운트

풍선 장식을 벽이나 천정에 고정시키는 데 사용하며 고리마운트와 사각마운트 두 종류가 있다.

사각마운트   고리마운트

⑮ 케이블 타이

sds판넬과 로드를 고정시킬 때 그물망을 씌울 때 등에 사용한다.

⑯ 철사

풍선 공예를 만들 때 주로 사용하며 숫자가 클 수록 얇다. 얇은 철사는 26호를 많이 사용하며 굵은 철사는 20호를 많이 사용한다.

⑰ 스템

주로 어렌지 먼트를 할 때 사용하거나 5인치 라운드 풍선으로 다발을 만들 때 끼워 사용한다.

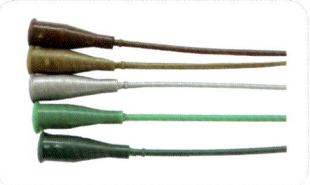

⑱ 그밖에 사용하는 접착제

투명테이프　　　절연테이프　　　플로라테이프　　　글루건　　　강력스프레이

⑲ 컬링 리본

헬륨 풍선을 묶거나 연결해서 장식할 때 사용한다.(컬러는 다양하다.)

⑳ 기타 기본공구

1. 니퍼, 망치, 펜치 : 철사나 프레임을 휘고 자르고 고정시킬 때 사용한다.
2. 가위, 칼 : 풍선의 주입구나 풍선을 자르는데 유용하며 헬륨 작업시 컬링리본에 컬을 줄때 사용하기도 하고 작업 후 철수 등에 필요한 필수 장비이다
3. 로드커터(pipe cutter) : 파이프나 로드를 자를 때 사용한다.
4. pvc커터절단기(pvc cutter) : 플라스틱 파이프를 절단하는 데 사용 쓰이는 도구
5. 몽키 스페너 : 레귤레이터(헬륨가스 조절기)를 연결 또는 분리할 때 사용한다.

 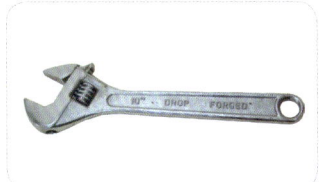

PVC커터 절단기　　　　몽키 스패너

2) 장식용 부자재

1. SDS (Skistimas Design System)

2중 철망으로 된 풍선장식 장비로 쉽고 안전한 장식 구조물을 만들 수 있게 디자인되어 있다.

서로 각각 연결할 수 있게 되어 있어 정교한 풍선 벽에서부터 섬세한 출입문 그리고 주문제작에 이르기까지 복잡한 기술이 필요 없고, 초보자나 숙련된 풍선 장식가 모두를 위해 이상적인 부자재이며, 모든 부자재는 재사용할 수 있기 때문에 경제적이다.

가) Quick Frame Panels(퀵 프레임 패널)

사용설명 : 이 패널은 정교한 벽이나 입체적으로 혼자 설 수 있는 구조물과 같은 건축 요소들을 쉽고 빠르게 조립할 수 있게 디자인 되었다. 패널의 크기는 60cmX120cm로 단단하고 두겹이며 코팅된 강철로 셀의 크기는 15cmX15cm로, 무게는 2.27kg이며, 각각의 패널은 클립을 이용하여 연결할 수 있다.

풍선규격	풍선을 불었을때 규격
13(5인치) 라운드 풍선	8.8cm(3.5인치)
30(12인치) 라운드풍선	19cm(7.5인치)
22(9인치사각 or 원형) 은박풍선	23cm(9인치)

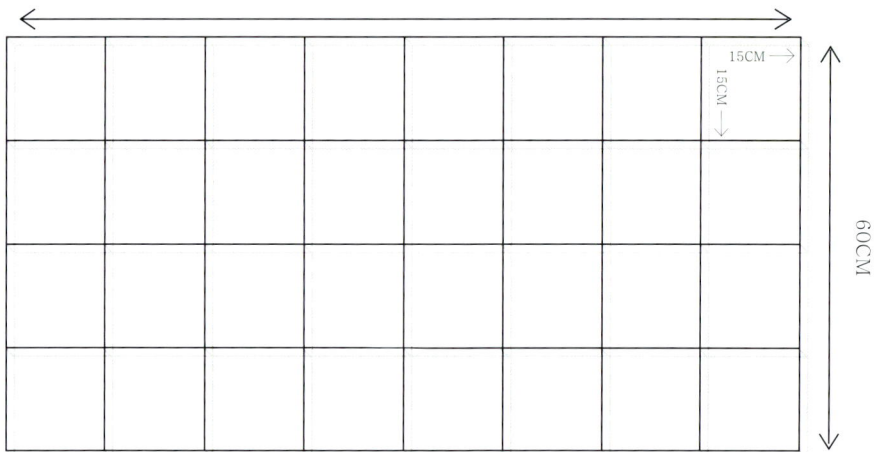

나) Quick Frame Radius(퀵 프레임 라디우스)

사용설명 : 퀵 프레임 라디우스는 견고한 곡선이나 원형구조물을 만들 수 있도록 디자인 되었다. 전체 크기 90cmX90cm로 1/4원 형태로 되어있으며 21개의 셀을 가지고 있고 5", 9", 11"의 고무풍선을 활용할 수 있다.

풍선규격	풍선을 불었을때 규격
13라운드(5인치) 라운드 풍선	8.8cm(3.5인치)
30라운드(12인치) 라운드풍선	19cm(7.5인치)
23(9인치사각or 원형) 은박풍선	23cm(9인치)

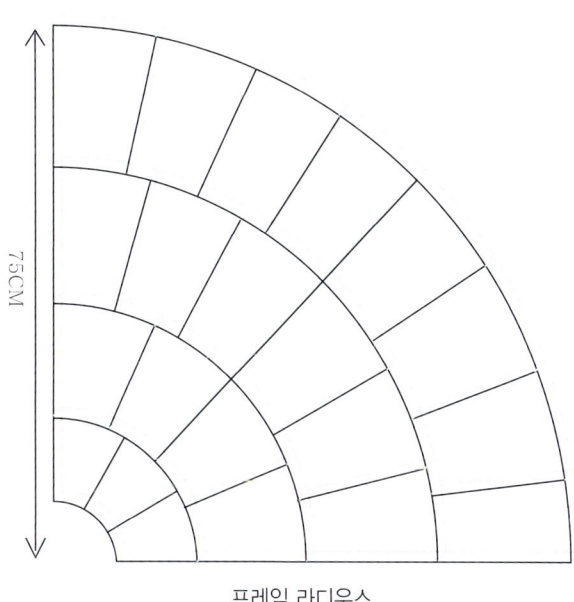

프레임 라디우스

 CLIP ART

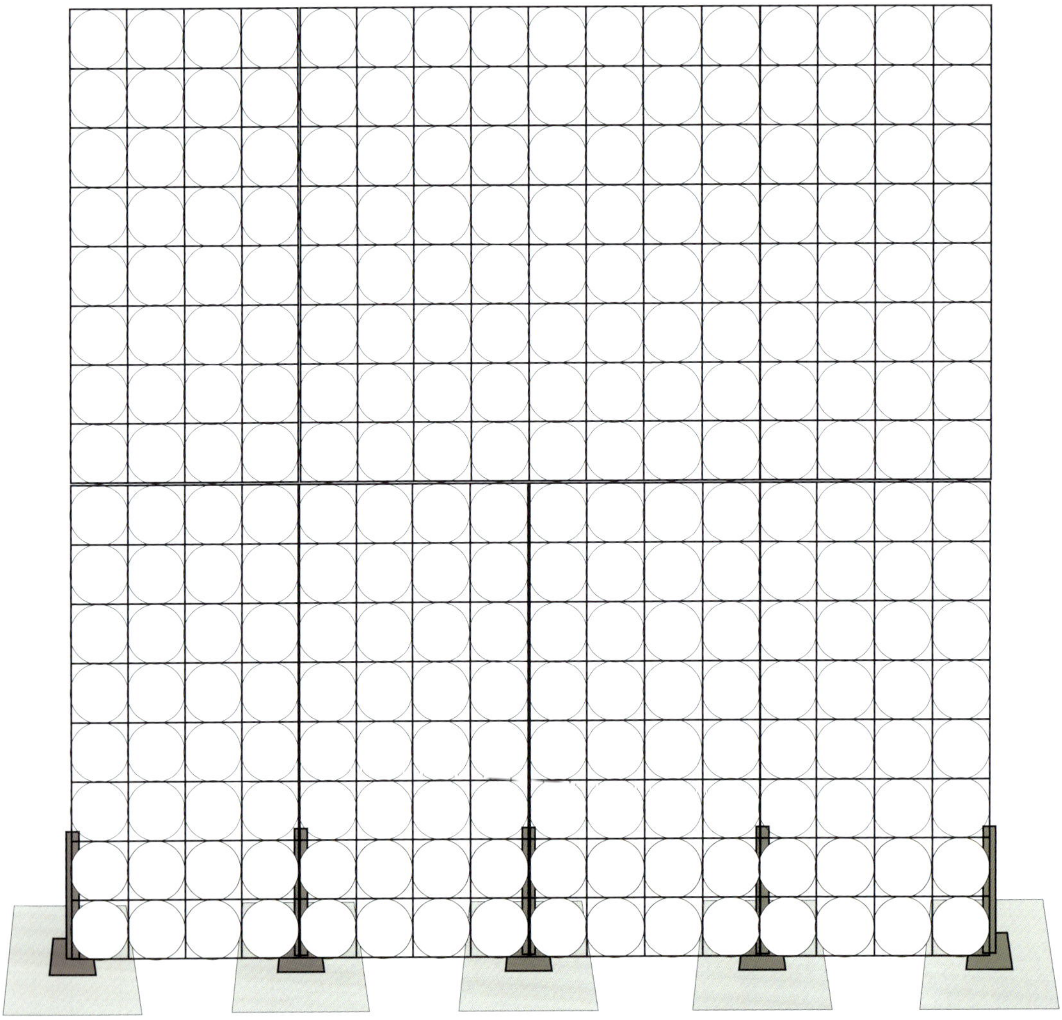

CLIP ART

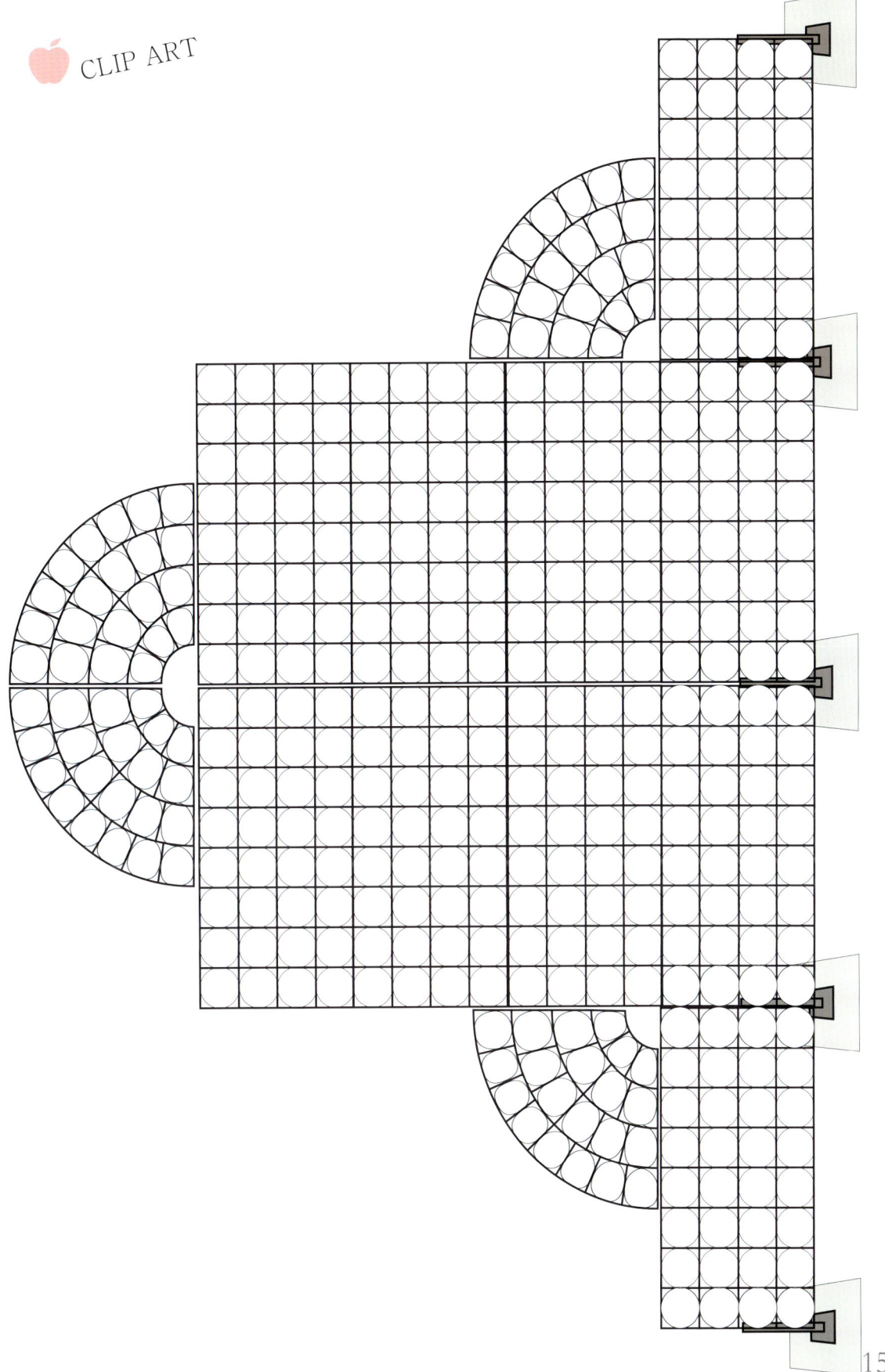

15

SDS 갤러리

Design

SDS 갤러리

Design

2.RMS (Rouse Matrix System)

규격화된 모양으로 쉽게 사용할 수 있도록 제작되어져 있어 편리하며 얇은 플라스틱 재질로 만들어져 수십 가지의 모양을 갖춘 시트지로 구성되어 있으며, 여러 개의 조합으로 다양한 모양을 연출할 수 있고 특별한 기술이 필요하지 않아 초보자나 전문가 모두가 쉽게 사용할 수 있다.

구 분	풍선을 불었을때 규격
하트	8.8cm(3.5인치)
별	19cm(7.5인치)
사각시트	23cm(9인치)

RMS 종류별 사용설명

1. 임시고정용 3M 접착스프레이 75를 sheet 앞면에 뿌려준다.
2. 하트, 별시트는 보통 중앙에서 부터 끼워나가면 쉽게 사용할 수 있다.
3. 풍선의 묶은 부분과 반대 꼭지부분이 sheet 에 가리도록 옆으로 끼운다.
   묶은 부분의 주입구 부분을 가위로 잘라내면 깨끗하다.

가) RMS 시트 종류

① 3피트 RMS 하트
풍선을 끼웠을때 가로 90cm크기로 제작되어있으며(3ft) 하트 모양 RMS (총 홀의 수:38개) 10인치 풍선을 6인치 size로 36개, 4.5인치크기로 2개를 불어 사용한다.

② 2피트 RMS 하트
풍선을 끼웠을때 가로 60cm크기로 제작되어있으며 (2ft) 하트 모양 RMS 시트 (총 홀의수:38개) 5인치 풍선을 4인치 size로 36개, 3인치크기로 2개를 불어 사용한다.

3피트 하트(가로 90cm)

2피트 하트(가로 60cm)

③ 5각별 RMS
풍선을 끼웠을때 가로 60cm크기로 제작되어있으며 5각별 모양 RMS 시트 총 31홀 별 모양 시트의 가운데 부분 1개를 중심으로부터 5개는 3.5인치 크기로 불어 끼우고 남은 25개는 4인치 크기로 불어 끼운다.

④ 6각별 RMS
37개의 홀을 4인치크기로 불어 끼운다.

5각별

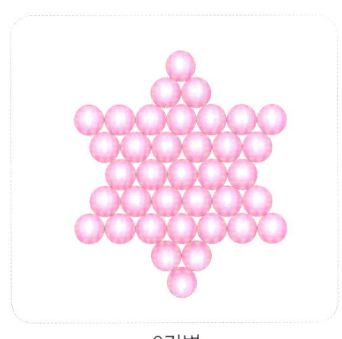
6각별

⑤ 사각 벌룬 시트 A타입

5인치 라운드 풍선을 4인치크기로 불어서 끼워 사용하며 원하는 모양을 커팅하여 다양하게 사용 가능하다.

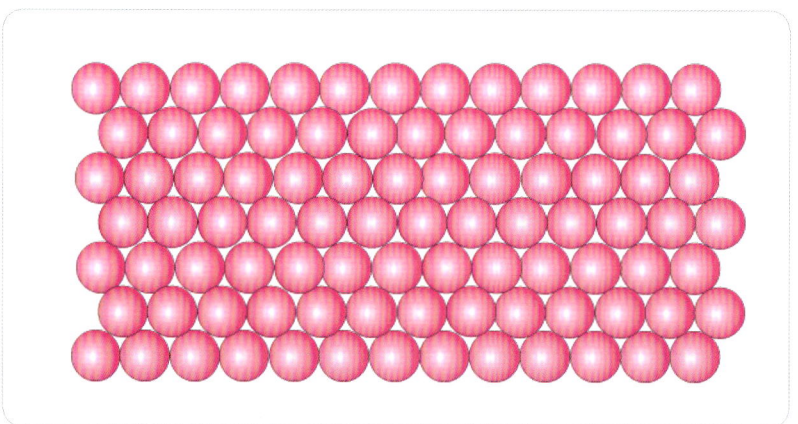

⑥ 사각 벌룬시트 B타입

10인치 라운드 풍선을 8인치 크기로 불어서 끼워 사용하며 폭이 좁은 세로와 가로 벽장식에 사용하면 효과가 크다.

3.M.A.D.S (Magic Ace Balloon Design System)

sds처럼 정해진 틀을 사용하는 것과는 달리 조립하여 원하는 모양의 대형 구조물을 쉽게 만들 수 있기 때문에 기업 홍보나 백화점 전시효과에 큰 영향을 미치는 효력을 발휘할 수 있으며 포토존으로 많이 활용할 수있어 많은 사람들의 관심을 받아 제품 홍보에 큰 도움을 준다. 이니셜이나 원하는 모양과 글자를 나타낼 수 있어 부각시키고자 하는 부분을 잘 표현하여 최대의 효과를 얻을 수 있다.

M.A.D.S 구성

조립형태로 스틱 과 볼로 구성되어 있으며 직선 뿐 아니라 곡선 형태로도 모양을 연출할 수 있어 다양한 구조물을 만들기에 간편하다.

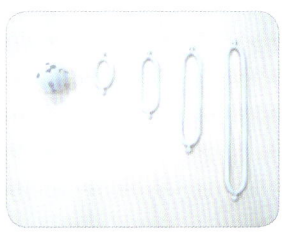

원형볼 지름 : 3.4
스틱 4cm /7cm/11cm/17cm

M.A.D.S 사용방법

① 볼 정가운데에 중심이 되는 작은 홀을 센터로 원(360도)둘레에 맞춰 90도 간격으로 4개의 큰 홀이 있다. 1번 사진과 같은 모양으로 중심이 되는 작은 홀 옆에 있는 큰 홀에 스틱을 끼워 이음세 있는 쪽까지 스틱을 밀어 넣어 고정시킨다.
   사진과 같이 각 90도 간격마다 스틱을 연결하여 정사각형을 만든다.
② 90도 간격에 스틱을 맞춰 끼워 사각형을 만든다.
③ 11cm 스틱으로 정사각형을 만들었을 경우 풍선 지름을 7.5cm 크기로 사진과 같이 끼워 고정시킨다.

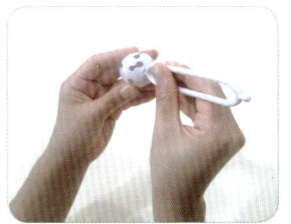  

🍎 하트 따라하기

평면도

■ 필요한 재료(입체일때)

○	볼	64개
▭	4cm연결대	20개
▭	7cm연결대	76개
▭	11cm연결대	0개
▭	17cm연결대	0개

①MADS로 그림과 같이 단면 하트모양의 뼈대를 조립한다.

■ 필요한 재료(입체일때)

○	볼	128개
▭	4cm연결대	40개
▭	7cm연결대	216개
▭	11cm연결대	0개
▭	17cm연결대	0개

②2개의 하트 모양의 뼈대를 연결대로 연결시켜 하나의 입체 하트를 완성시킨다.

케익 따라하기

평면도

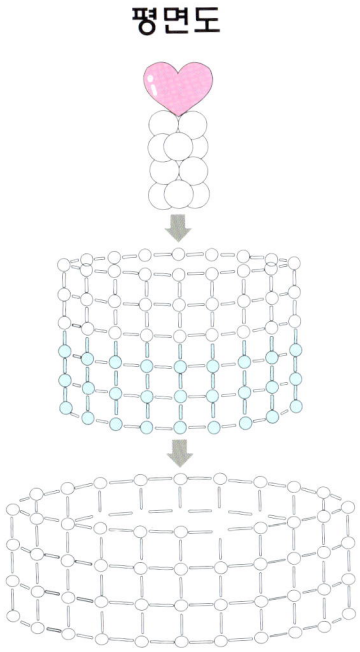

■ 필요한 재료(입체일때)

○ 볼	84개
4cm연결대	0개
7cm연결대	154개
11cm연결대	0개
17cm연결대	0개

■ 필요한 재료(입체일때)

○ 볼	64개
4cm연결대	0개
7cm연결대	0개
11cm연결대	112개
17cm연결대	0개

①MADS로 그림과 같이 가로14칸, 세로 5칸의 셀을 가진 케익의상단 부분을 만든 후, 양쪽 끝을 돌려 말아 연결하여 원통형의 뼈대를 완성한다.

②MADS로 그림과 같이 가로 16칸, 세로 3칸의 셀을 가진 케익의 하단 부분을 만든 후, 양쪽 끝을 돌려 말아 연결하여 원통형의 뼈대를 완성한다.

③완성된 2개의 원통형 구조물을 그림과 같이 위치 시킨 후, 위의 파란색 부분이 하단의 원통 안으로 들어가도록 포개어 준다.

④뼈대의 보이는 부분에 모두 풍선을 불어 끼워주고, 5인치 풍선으로 작은 가랜드 기둥을 쌓아 위에 하트 풍선을 달아 초를 표현해 준다.

mads 갤러리

Design

mads 갤러리

DeSign

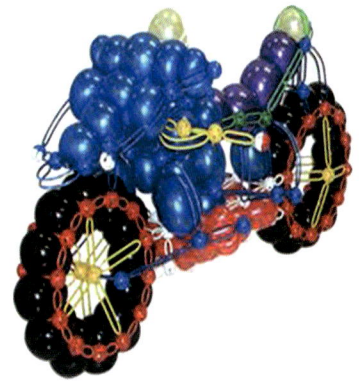

mads 갤러리

Design

mads 갤러리

DeSign

ABPN을 찾은 당신은 이미 프로입니다.

Chapter 2
요술풍선응용

요술풍선의 종류
매직벌룬 기법
카트레이싱
칼과 강아지
달콤한 사과
프러포즈하는 소년
스마일 모자
무등탄 소년
큐피트의 화살
로맨틱 하트요술봉
하트 앵무새 커플
토끼와 거북이
꼬마원숭이
열대 야자나무
데이지꽃 화병
튜울립부케
벅스바니모자

Chapter 02 요술풍선응용

요술풍선의 종류(magic balloon)

160S 260S 360S 660S

82Colors

sizes
160 260 360 660

셈퍼텍스 사 자료

많이 사용하는 단위를 센티미터로 정리된 도표

단 위	1 m	1 in	1 ft	1 yd
cm	100	2.54	30.48	91.438

 ## 매직벌룬~기본만 알면 누구든 다 할 수 있어요.

▶ 손펌프로 불기

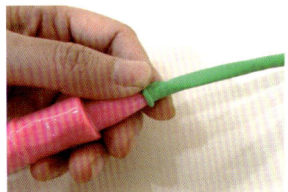

1 불지않은 매직벌룬을 손펌프에 깊숙이 끼워 넣는다.

2 손펌프 주둥이의 풍선을 빠지지 않게 잘 잡아준 채로 천천히 공기를 주입시킨다.

▶ 주입구 묶기

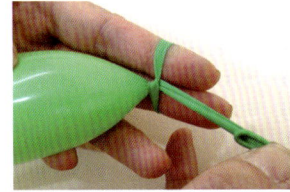

1 풍선의 주입구를 검지와 중지에 한바퀴 돌려준 다음 검지와 중지의 틈 사이로 주입구를 통과시켜 준다.

2 통과시킨 주입구를 잡은 후 매듭은 불어진 풍선의 몸통쪽으로 밀어 조여준다.

▶ 방울꼬기

1 풍선의 방울을 만들어 주는 것을 꼬기라고 하는데, 일반적으로 3~4회 정도 꼬아준다.

▶ 방울 잠그기

1 같은 크기의 방울 2개를 만들어 ㄷ모양이 되도록 잡는다.

2 2개의 방울을 함께 잡고 2~3회 정도 돌려 꼬아 잠그기 한다.

3 접어꼬기가 완성된 모습

▶ 꼬집어꼬기

1 2~3cm 크기의 방울을 만들어 꼬아준다.

2 ①번 방울을 중심으로 ㄷ자 형태로 풍선을 잡는다.

3 ②번처럼 풍선을 잡은 상태에서 다른 손으로 방울을 살짝 잡아당기면서 3~4회 정도 돌려준다.

4 완성된 꼬집어꼬기 방울은 동물의 귀나 방향을 변환시킬 때 활용하여 준다.

▶ 첫방울 접어꼬기

1 풍선을 불어 바람을 살짝 뺀 다음 10cm 방울을 꼬아 반을 접어준다.

2 접은 상태에서 주입구 매듭을 꽉 잡은채로 2~3회 정도 돌려준다.

3 주입구를 잡고 매듭이 접은 풍선의 안쪽을 통과하여 반대쪽에 걸리도록 한다.

4 매듭이 반드시 반대쪽에 걸려야만 완성 후 느슨해지지 않는다.

01 / 카트레이싱

귀여운 꼬마자동차를 만들어서 친구들과 함께
카트레이싱 경주를 해 보자구요~
이젠 나도 어엿한 카트레이싱 라이더!!

재료 ▶160-레드1, 블랙1, 화이트1, 클리어1

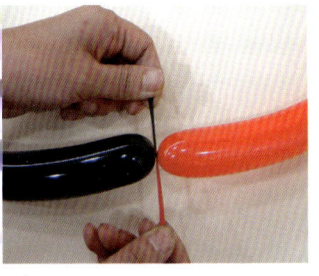

1 160 레드, 블랙을 15cm 남기고 불어 두 풍선을 함께 묶는다.

2 블랙 2cm 방울을 꼬집어꼬기 한 다음, 6cm 방울을 만들어 접어꼬기하여 바퀴를 만든다.

3 레드 6cm, 블랙 5cm 방울을 만들어 함께 잠그기한다.

4 ②번의 방법을 한번 더 반복하여 바퀴를 만든 다음, ③번의 방법을 반복한다.

5 ②,③,④번의 방법을 반복하여 사각의 형태를 만든 후, 블랙은 잘라서 마무리한다.

6 레드 10cm 방울을 만들어 옆 꼬집어꼬기에 걸어 범퍼를 만든다.

7 레드 4cm 방울 두개 만들어 대각선 방향으로 걸어준다.

8 레드 10cm 방울을 만들어 옆 꼬집어꼬기에 걸어 범퍼를 만들어 준다.

9 ⑧번에서 남은 풍선을 4cm 방울 두개 만들어 대각선으로 걸어 ×자 모양이 되도록 걸고 마무리한다.

10 자동차의 몸체가 완성되었다.

11 화이트 3cm만큼만 불어서 앞쪽 범퍼 양쪽으로 걸어준다.

12 클리어 12cm만큼 불어서 전면 유리창 장식을 꾸며준다.

02 / 칼과 강아지

개구쟁이 꼬마들에겐 누가 뭐래도 장난감이 최고예요.
이얍~ 얍~!!
친구들과 신나게 한바탕 놀아볼 수 있게
멋진 장군칼 하나 선물해 주세요.
새침떼기 공주에겐 깜찍한 애완강아지도 좋겠죠!

재료 ▶ 260-핑크1, 그린1

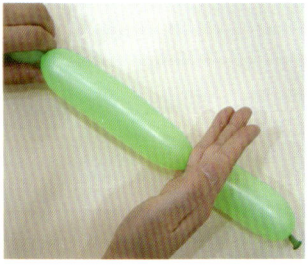

1 260 그린 10cm 남기고 불어 10cm 방울을 만들고 바로 15cm 방울을 만들어 접어꼬기 해준다.

2 ①번의 10cm 방울을 15cm 접은방울 사이에 반 정도만 걸쳐 놓는다.

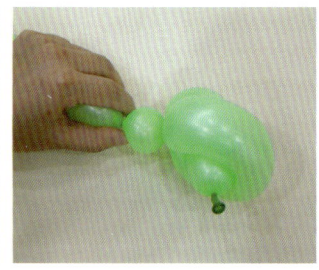

3 목이 될 3cm 방울을 만든다.

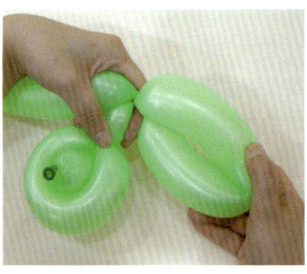

4 20cm 방울을 접어 꼬아 앞다리를 만든다.

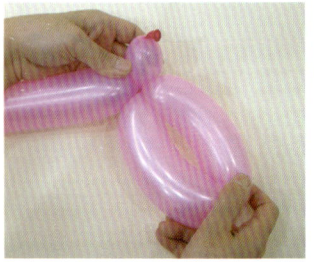

6 핑크 5cm 남기고 분 다음, 3cm 방울을 만들고 15cm 방울을 하나 더 만들어 고리모양을 만든다.

7 3cm 방울 5개를 연속해서 꼬아준다.

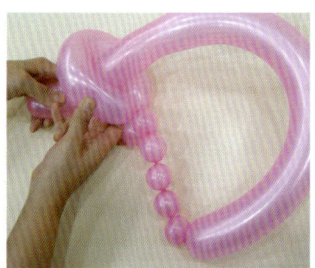

8 나머지 풍선을 15cm 고리방울 안에 끼워 넣는다.

9 3cm 방울 중 마지막 방울은 꼬집어꼬기를 해서 방울이 풀리지 않도록 한다.

5 10cm 몸통 방울을 만든 후 20cm 방울을 접어 뒷다리를 완성한다.

03 / 달콤한 사과

상큼함이 솔솔~ 풍기는 사과의 향을 맡아보세요.
사랑의 마음이 담긴 사과화병을
식탁에 정성스럽게 디스플레이 해 보세요~^^

1 레드 라운드풍선을 약10cm 정도 크기로 분다.

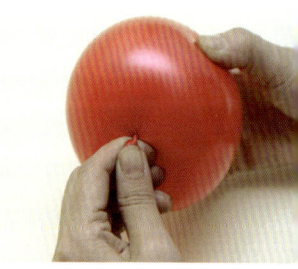

6 반대쪽에서 잡은 주입구매듭을 2~3회 정도 꼬아준다.

재료 ▶ 260-그린1, 5인치 라운드 레드-1, 스틱, 글루건, 양면테이프

2. 매듭을 묶은 다음, 매듭을 주입구 끝쪽으로 밀어준다.

3. 불린 풍선의 몸통을 두손으로 꾹 눌러 공기를 주입구쪽으로 보낸다.

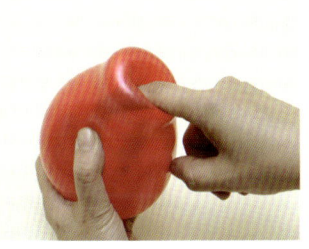

4. 주입구 부분의 매듭을 검지손가락을 이용하여 풍선안으로 밀어넣는다.

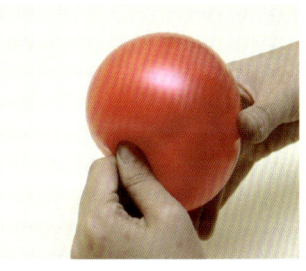

5. 밀어넣은 매듭을 반대쪽에서 다른손으로 잡는다.

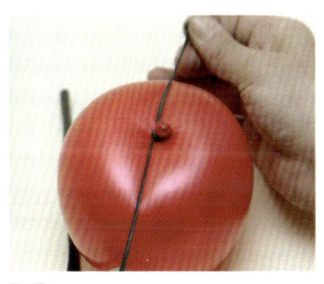

7. 매듭을 놓치지 않도록 잡은 후 다른손을 이용하여 260 그린으로 감아서 고정한다.

8. 남은 260 그린의 끝부분을 약 2cm 정도 잘라서 글루건으로 나뭇잎에 붙인다.

9. ⑧번의 나뭇잎을 글루건을 이용해 ⑦번 사과의 매듭부분에 붙여준다.

10. 완성된 사과의 아래쪽에 파여있는 홀 속으로 스틱을 끼워 완성한다.

04 / 프러포즈하는 소년

여기 프러포즈를 앞두고 설레임이 가득한
수줍은 소년이 있네요.
좀 더 용기를 낼 수 있도록 힘을 주자구요~ㅎㅎ

재료 ▶ 260-블루1, 5인치 라운드 스마일 인쇄-1

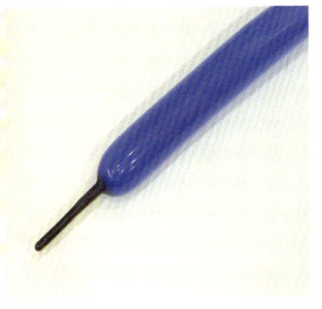

1 260 블루 7cm 남기고 불어 매듭을 묶는다.

2 주입구로부터 약 20cm 방울을 만든 후, 다시 10cm 방울을 만든다.

3 ②번에서 만든 10cm 방울을 반을 접어 꼬아준다.

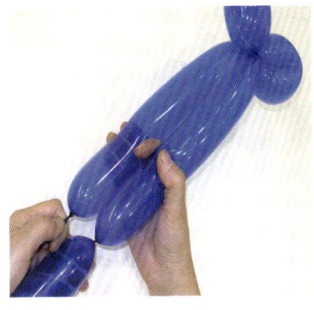

4 ③번과 같은 방법으로 접어꼬기를 하나 더 만든 후, 20cm 방울을 만들어 처음의 주입구와 함께 꼬아준다.

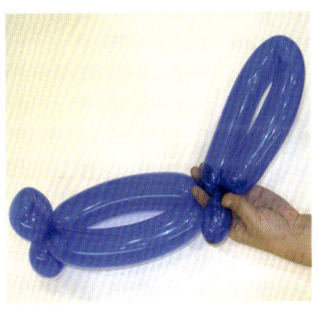

5 남은 방울의 끝에서 약 2cm 방울을 하나 만들어 처음의 주입구와 함께 꼬아 고리형태를 만든다.

6 ⑤번의 고리를 사진과 같이 20cm 방울 두개에 함께 씌워 20cm 방울이 고리안으로 불룩 나오게 한다.

7 스마일 인쇄풍선을 10cm 정도 크기로 동그랗게 불어 ⑥번의 마지막 방울에 걸어준다.

8 모자등의 소품을 이용하여 꾸며주면 멋쟁이 풍선소년이 완성~^^

05 / 스마일 모자

이야~
난 스케이트보드를 타는
멋진 소년이예요.
놀랍죠!! ㅎㅎ
하지만 어쩌죠~!
사실은 제 머리위에 쓴
모자랍니다.

1 260 블루 2개를 5cm 남기고 불어 주입구를 서로 반대 위치에 40cm 정도 겹쳐 놓는다.

4 남은 풍선 중 길이가 좀더 긴 풍선에서 2cm 방울을 만들어 꼬집어꼬기 한다.

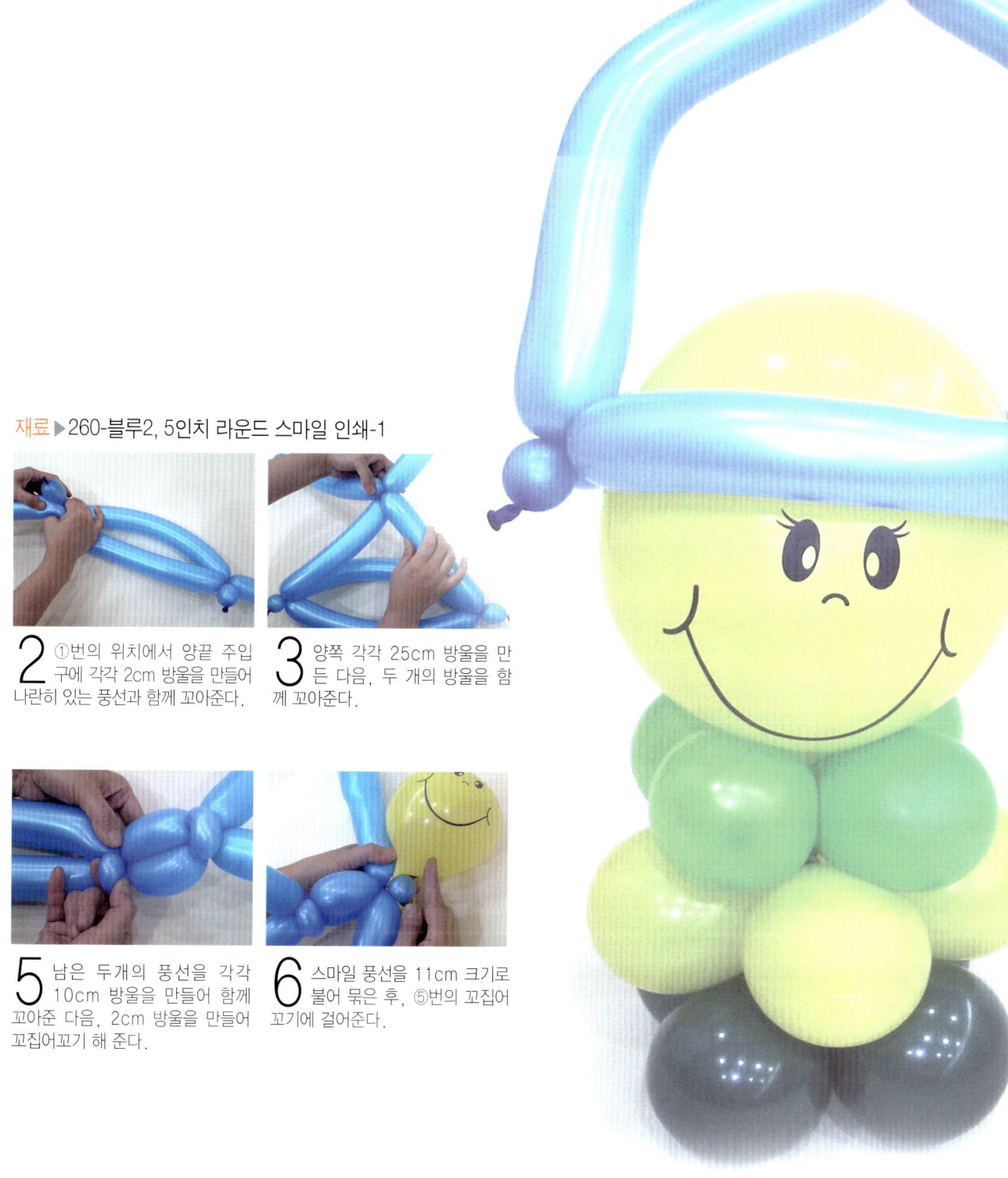

재료 ▶ 260-블루2, 5인치 라운드 스마일 인쇄-1

2 ①번의 위치에서 양끝 주입구에 각각 2cm 방울을 만들어 나란히 있는 풍선과 함께 꼬아준다.

3 양쪽 각각 25cm 방울을 만든 다음, 두 개의 방울을 함께 꼬아준다.

5 남은 두개의 풍선을 각각 10cm 방울을 만들어 함께 꼬아준 다음, 2cm 방울을 만들어 꼬집어꼬기 해 준다.

6 스마일 풍선을 11cm 크기로 불어 묶은 후, ⑤번의 꼬집어 꼬기에 걸어준다.

06 / 무등탄 소년

내게도 귀여운 동생이 생겼어요.
보세요~ 이젠 함께 놀아주고, 무등도 태워 줄거예요.

재료 ▶ 260-블루2, 5인치 라운드 스마일 인쇄-1

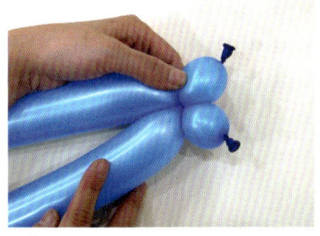

1 260 블루 2개를 5cm 남기고 불어 각각 2cm 방울을 만들어 서로 꼬아준다.

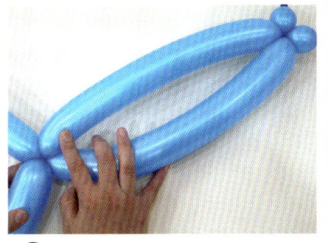

2 계속해서 각각 40cm 방울을 만들어 서로 꼬아준다.

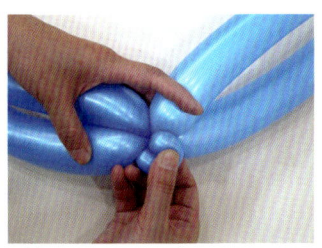

3 2cm 방울을 하나 만들어 꼬집어꼬기를 한다.

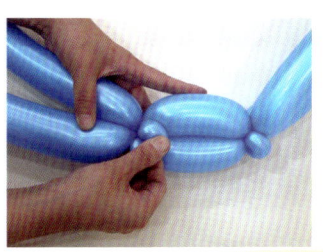

4 각각 10cm 방울을 만들어 서로 꼬아주고, 2cm 방울을 만들어 꼬집어꼬기를 한다.

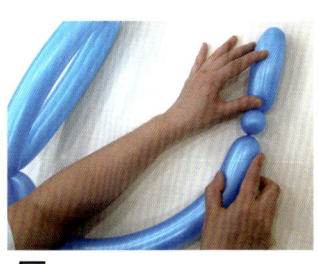

5 공기를 밀어 꼬리 꼬리쪽으로 보내고, 꼬리부터 10cm 방울을 만든 다음, 2cm 방울을 만들어 꼬집어꼬기 한다.

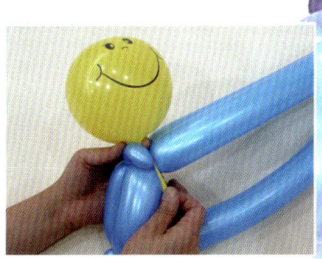

6 스마일 인쇄풍선을 10cm 크기로 불어 묶은 후 ③번의 꼬집어꼬기에 걸어준다.

07 / 큐피트의 화살

오늘은 사랑의 큐피트가 되어 세상을 행복하게 만들고 싶어요. 누구라도 이 사랑의 화살을 절대 피할 순 없을 거예요~

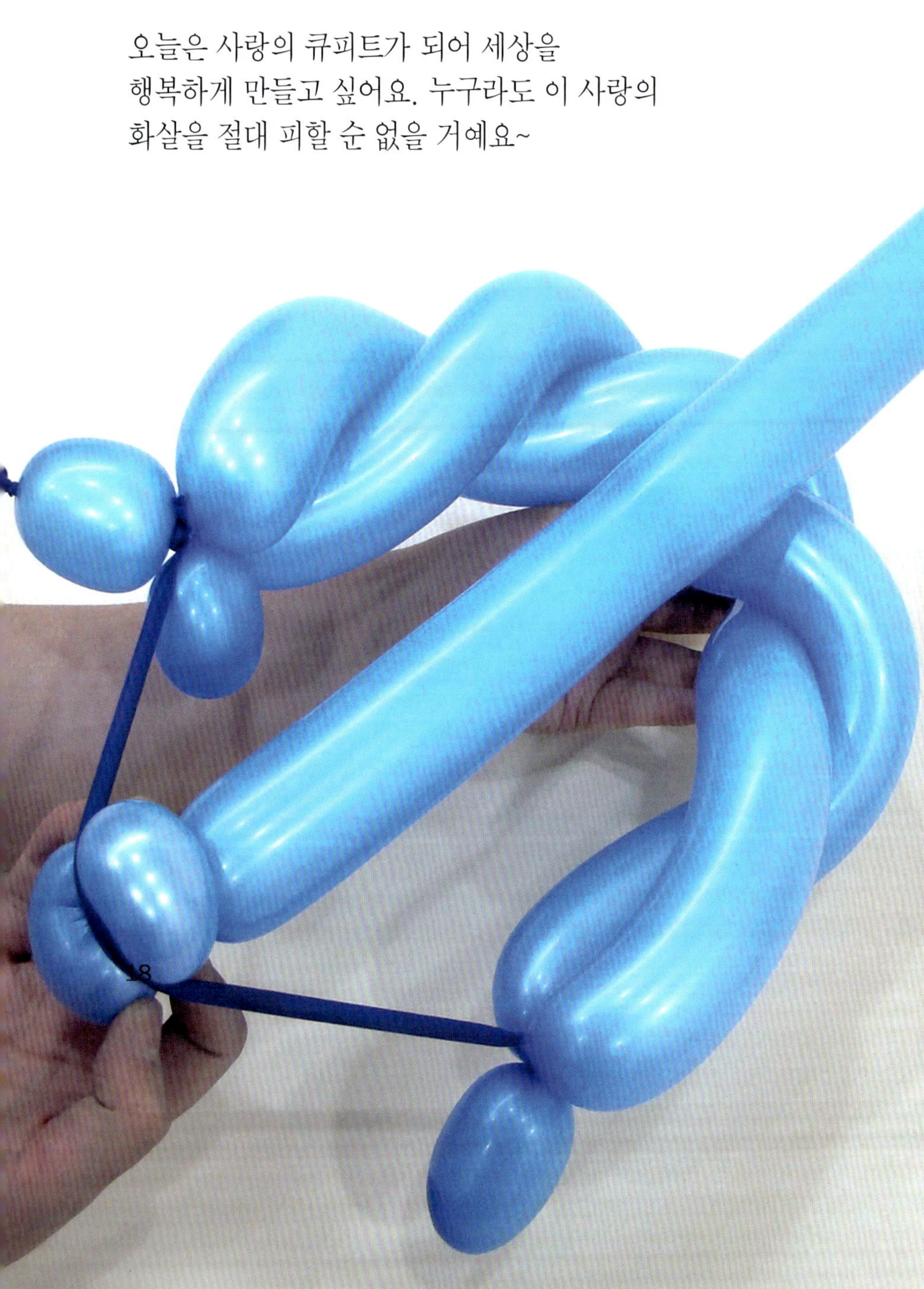

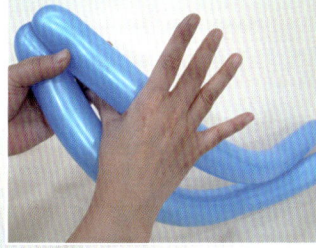

1 풍선을 끝까지 불어 바람을 뺀 후, 반을 나누어 꼰 뒤 두 풍선 사이에 엄지를 넣어서 아래 풍선을 위로 올린다.

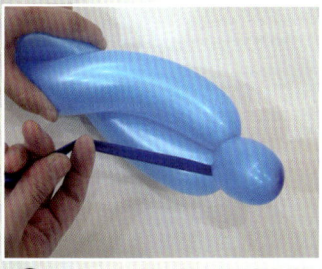

6 꽈배기의 방울이 없는 쪽에 ⑤번의 방울을 걸어준다.

재료 ▶ 260-블루3

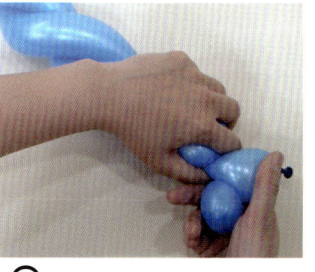

2 ①번의 상태를 유지하면서 계속 돌려주면 꽈배기 모양이 만들어진다.

3 꽈배기 모양이 완성되면 끝부분에 3cm 방울을 만들어 꼬아준다.

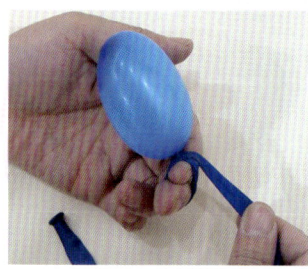

4 ③번에서 만든 두방울 중 한 방울을 꽈배기모양 사이로 통과시켜 풀리지 않도록 한다.

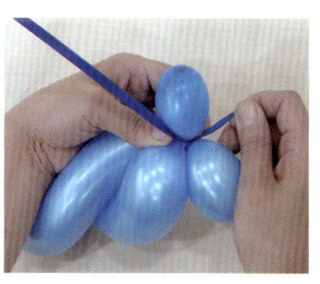

5 다른 풍선 하나를 끝까지 불어서 끝부분 3cm 방울만 남기고 남은 부분은 공기를 빼고 묶는다.

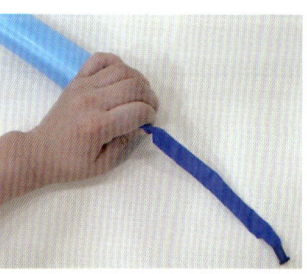

7 ⑥번에서 걸고 남은 방울의 꼬리를 반대편 꽈배기의 방울에 걸어 고정시킨다.

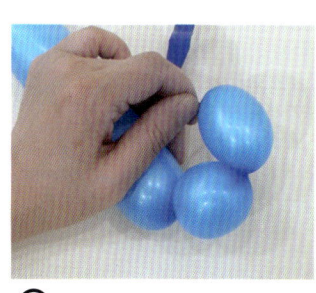

8 남은 풍선 하나를 끝까지 불어 40cm 정도 버리고 바람을 뺀 후 묶는다.

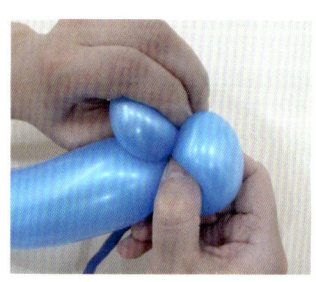

9 매듭부분에서부터 3cm 방울 두 개를 만들어 꼬아준다.

10 ⑨번에서 만들었던 두 개의 방울을 꼬집어꼬기하여 화살을 완성한다.

08 / 로맨틱 하트요술봉

내게도 마법을 부릴 수 있는 특별한
능력이 있다면 얼마나 좋을까..
하지만 걱정마세요.. 내겐 하트요술봉이 있으니까요.

재료 ▶ 260-핑크1, 12인치 하트 클리어 러브인쇄-1, 6인치 하트 푸치샤-1, 스틱

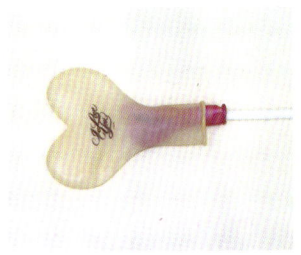

1 스틱을 6인치 푸치샤 하트풍선에 끼우고, 하트 클리어인쇄 풍선을 씌운다.

2 겉의 하트를 20cm 정도 불고 난 다음 안쪽 하트를 하트모양이 나올 정도만 분다. 안쪽 주입구를 잡아당겨 돌려 묶는다.

3 260 핑크를 약 10cm 남기고 불어 묶는다.

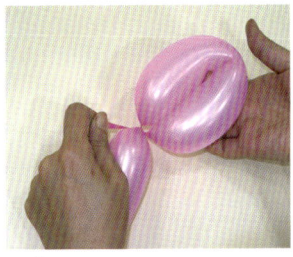

4 주입구로부터 15cm 방울을 만들고 접어꼬기 한다. 한번 더 접어꼬기를 하고 마무리한다.

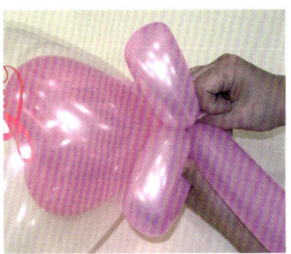

5 ②번의 하트풍선을 접어꼬기 사이에 고정하여 하트봉을 완성한다.

09 / 하트 앵무새 커플

사랑한다면 이들처럼..
정말 사랑스러운 앵무새 커플이에요.
창가에 예쁘게 걸어둔다면 사랑이 폴~폴~
피어날 것만 같아요.

1 260 옐로 10cm 남기고 불어 주입구를 묶는다.

6 가운데 8cm 방울을 둘로 나누어 꼬아준다.

재료 ▶ 260-엘로1, 레드1

2 15cm 방울을 만들고, 10cm 방울 두개를 더 만들어 잠그기 한다.

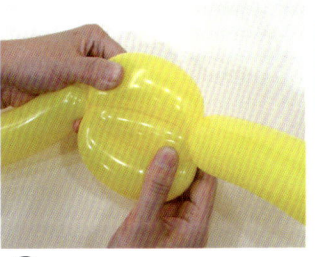

3 10cm 방울 하나를 더 만들어 두개의 사이에 끼워 반대편으로 밀어넣는다.

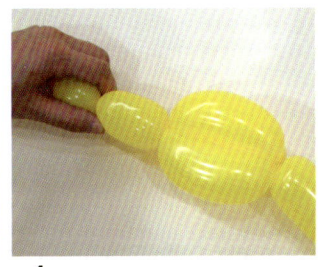

4 8cm 방울을 하나 만든다.

5 ②번과 ③번의 밀어돌리기 과정을 한번 더 반복한다.

7 맨 처음 꼬았던 15cm 방울과 남은 풍선을 서로 꼬아 앵무새의 꼬리를 완성한다.

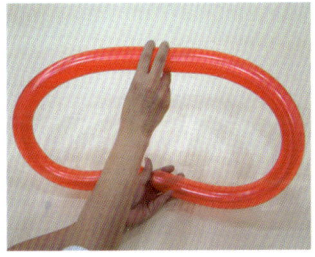

8 260 레드를 2cm 남기고 불어 주입구와 함께 묶어 원을 만든다.

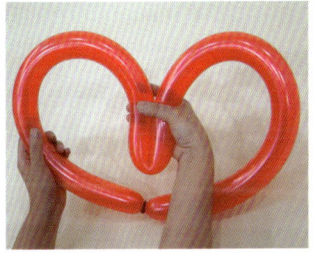

9 ⑧번의 원을 반으로 나누어 사진처럼 V자로 접어 마찰을 주면서 하트의 모양을 잡아준다.

10 만들어진 하트 매듭부분에 앵무새의 꼬리 부분을 걸어 주면 하트앵무새 커플 완성

49

10 / 토끼와 거북이

토끼와 거북이가 사이가
좋지 않다구요?
모르시는 말씀이예요.
여기 이 친구들을 보세요~
얼마나 사이가 좋은 친구들인지..

5 ①번 링커룬 풍선의 윗부분에 ④번의 머리를 연결하여 고정시킨다.

10 ⑨번에서 만든 팔을 ⑤번의 목부분에 걸어주고, 귀는 만휠을 이용해 모양을 잡아주면 깜찍이 토끼가 완성.

재료 ▶ 260-핑크1, 160-화이트1, 350-화이트1, 12인치 링커룬-핑크1, 5인치 라운드-화이트11, 푸치샤5, 물풍선

1 링커룬 핑크를 25cm 크기로 불어 미리 만든 물풍선과 함께 묶어둔다.

2 푸치샤 라운드는 11.5cm, 나머지는 11cm-9cm-9cm 크기로 4개 묶음을 준비한다.

3 ①번의 매듭부분에 ②번의 푸치샤 라운드를 꼬아 고정한다.

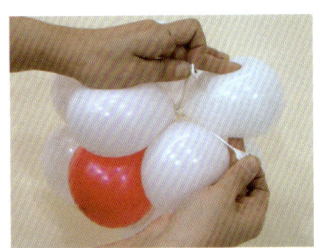

4 ②번에서 11cm-9cm-9cm 풍선을 차례대로 연결하여 머리 부분을 완성한다.

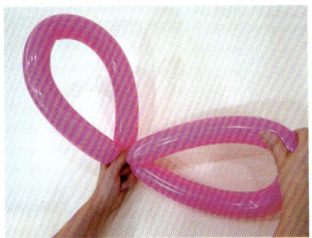

6 260 핑크를 2cm 남기고 불어 주입구와 함께 묶어 고리를 만든 후, 둘로 나눠 꼬아 8자 모양으로 만든다.

7 ⑥번의 8자 모양의 풍선을 ⑤번의 머리 위쪽에 걸어 고정시킨다.

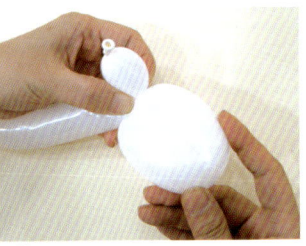

8 160 화이트를 10cm 남기고 불어 묶은 후, 3cm 방울을 만들고 10cm 방울을 꼬아 접어꼬기 한다.

9 25cm 방울을 2개를 만들고 ⑧번과 같이 10cm 접어꼬기-3cm 방울을 꼬아 나머지 손을 완성한다.

11 350 화이트를 20cm 남기고 불어 3cm-6cm 방울을 만들고 두 방울을 잠그기한다.

12 4cm 방울 4개를 연이어 만들어 꼬아준다.

13 8cm 방울을 만들어 ⑫번 4개 방울 사이를 가로질러 ⑪번 머리에 걸어 고정한다.

14 등쪽에 매직으로 문양을 그려주면 귀여운 거북이가 완성~

11 / 꼬마원숭이

매직벌룬으로 나무를 타고 재주를 부리는 귀여운 재롱둥이 꼬마원숭이를 만들어 나만의 애완동물로 만들어 보세요.

1. 260 화이트를 15cm 남기고 불어 묶은 후, 약 2cm 방울을 꼬집어꼬기 한다.

2. 10cm 방울-2cm 꼬집어꼬기-10cm 방울을 꼬아 처음 꼬집어꼬기한 방울에 걸어 고정한다.

3. 10cm 방울을 하나 더 만들어 맞은편 꼬집어꼬기 한 방울에 걸어준 뒤 남은 방울은 터트려서 마무리한다.

4. 260 코코아브라운을 15cm 남기고 불어 묶은 뒤 처음 꼬집어꼬기 한 방울에 걸어준다.

재료 ▶ 160-코코아브라운2, 화이트1

5 8cm 방울을 만들고 접어꼬기하여 원숭이의 한쪽 귀를 만든다.

6 10cm 방울을 만들어 반대편 꼬집어꼬기에 걸어 고정한다.

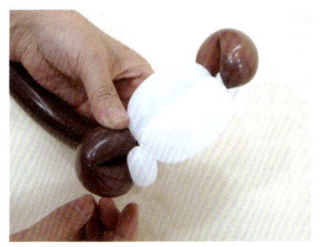

7 곧바로 ⑤번과 같이 접어꼬기를 하나 더 만들어 나머지 귀도 마저 만들어준다.

8 바로 10cm 방울을 만들어 반대편에 걸어 고정시킨다.

9 5cm-5cm 방울을 만들어 또 귀에 걸고 남은 방울은 버리지않고 나중에 꼬리방울로 활용한다.

10 260 코코아브라운 풍선을 하나 더 불어 5cm 방울 사이에 걸어 고정한다.

11 약 2cm 크기 방울을 꼬아 꼬집어꼬기를 하고 같은 위치에 한번 더 꼬집어꼬기를 하여 위치를 잡아준다.

12 5cm 방울을 만든 후 2cm 크기 방울로 꼬집어꼬기를 한다.

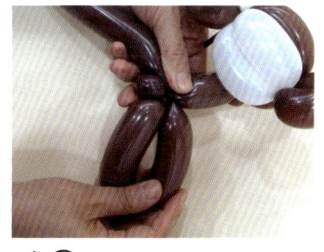

13 15cm 방울을 만들어 고리모양으로 꼬아준다.

14 10cm 방울을 만들고 2cm 크기 방울을 하나 만들어 꼬집어꼬기를 한다.

15 15cm 방울을 고리모양으로 꼬아준 후, 남은 방울은 터트려서 마무리한다.

16 자투리 풍선을 불어 꼬리부분의 꼬집어꼬기에 달아 완성시킨다.

12 / 열대 야자나무

개구쟁이 꼬마원숭이가 올라가 맘껏 놀수 있는
열매가 주렁주렁 달리고 잎이 무성한
야자나무를 만들어 봅니다.

재료 ▶ 160-코코아브라운2, 그린2

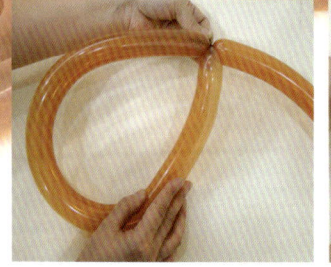

1 260 코코아브라운을 끝까지 불어 주입구부터 60cm 크기의 방울을 고리모양으로 만든다.

2 나머지 풍선을 달팽이 모양으로 돌돌 말아서 ①번의 고리안에 넣어 준다.

3 편평하게 자리를 잡아 밑판을 완성시킨다.

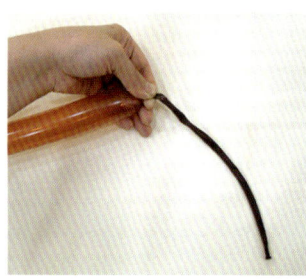

4 260 코코아브라운 풍선을 끝까지 분 다음 주입구부터 80cm 방울을 만든 후, 공기를 빼고 묶는다.

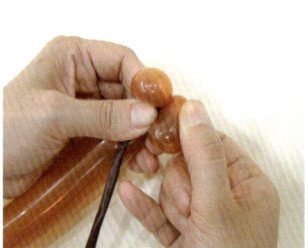

5 묶은 매듭으로부터 2cm 방울을 만들어 꼬집어꼬기 2개를 만든다.

6 꼬집어꼬기한 방울을 ③번의 매듭진 곳에 걸어 고정하고 위로 향하게 위치시킨다.

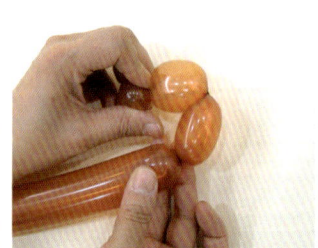

7 ⑥번에 연결한 풍선의 끝부분에서 방울 3개를 만들고, 나중 2개의 방울은 잠그기하여 열매로 사용한다.

8 야자나무 줄기기분이 완성되었다.

9 260 그린을 5cm 남기고 분 다음. 10cm-7cm의 방울을 꼬아 잠그기 한다.

10 ⑨번의 방법으로 5개를 만들고, 2cm 방울은 꼬집어 꼬기하고 매듭진다. 남은 방울은 터트려서 묶고 완성한 야자수잎을 ⑧번의 열매부분에 걸어주면 완성.

13 / 데이지꽃 화병

어디선가 싱그러운 향기가 흐르네요~
사랑스러운 로맨틱 화병에 아름다운 꽃을
꽂아 그대에게 선물할래요

1 260 오렌지를 약 10cm 남기고 분 다음, 10cm 방울을 만들어 접어 꼬아준다.

4 색색의 요술풍선을 약 30cm만 불어 약 3cm 정도 방울을 만들어 ③번의 꽃잎 사이에 걸어준다.

재료 ▶ 12인치 타이룬-클리어1, 12인치 라운드-인쇄풍선1,
5인치 라운드-퍼플4, 라벤다4, 260-8가지 색상, 물풍선

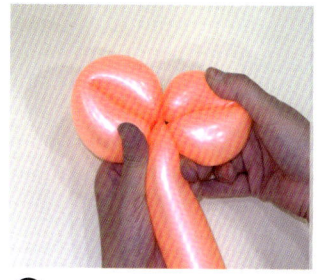

2 다시 10cm 방울을 만들어서 ①번과 같은 방법으로 5회를 더 반복하여 접어꼬기 한다.

3 6개의 꽃잎이 완성되면 서로 서로 꼬아가며 자리를 잡아 준다.

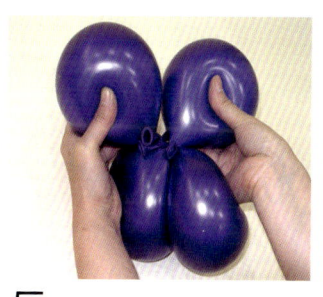

5 퍼플 라운드풍선을 11cm 크기로 불어 서로 꼬아준다.

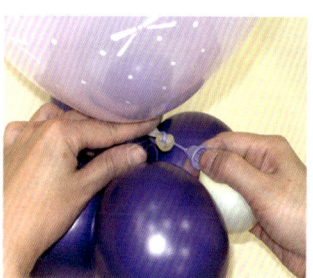

6 인쇄풍선을 링커룬 클리어에 끼워 25cm의 크기로 불어 물풍선과 묶어준 후 ⑤번의 풍선을 끼워 고정한다.

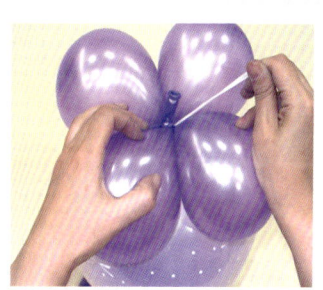

7 5인치 라벤다를 9cm 크기로 불어 ⑥번의 윗쪽 링커룬 풍선에 걸어 고정시킨다.

8 만든 꽃들을 하나씩 ⑦번 윗부분에 걸어 장식하면 로맨틱한 데이지꽃 화병이 완성~

14 / 튜울립 부케

너에게 주고 싶은
한가지가 있다면...
그건 아마도 내 마음일거야.

사랑스러운 튜울립부케에
이 마음을 담아
너에게 보낸다.

재료 ▶ 260-푸치샤 여러개

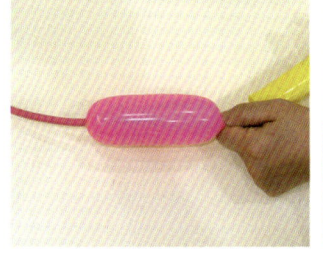

1. 풍선의 주입구로부터 5cm 정도만 불어 묶는다.

2. 풍선의 주입구 매듭위에 검지를 올려놓는다.

3. 검지로 주입구를 밀어 넣어 반대쪽에서 잡은 후 집어넣은 검지손가락은 천천히 빼낸다.

4. 반대쪽에서 잡은 매듭을 잡은 상태에서 4~5회 정도 돌려준다.

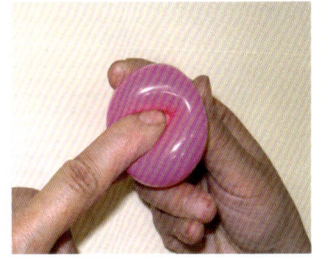

5. 돌려준 매듭을 풀리지 않도록 다시 풍선의 안쪽으로 밀어넣어 고정시킨다.

6. 튤립모양이 완성되면 여러개를 더 만들어 리본으로 예쁘게 연출한다.

15 / 벅스바니 모자

특별한 날엔 근사한 나만의 모자를 쓸 거예요.
오늘만큼은 내가 주인공이니깐..
어때요?
나만의 벅스바니~^.^

1 260 핑크 2cm 남기고 불어 고리를 만든 후, 8자 모양으로 꼬아준다.

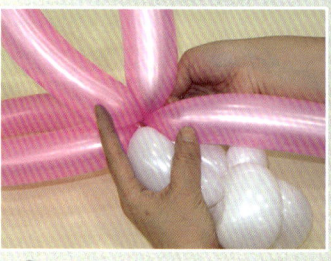

6 260 핑크 5cm 남기고 불어 묶은 후, 8자모양의 중심에 주 입구를 걸어 고정한다.

재료 ▶ 260-핑크2, 화이트1

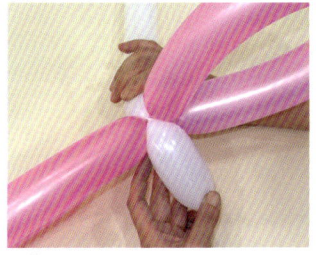

2. 260 화이트를 10cm 남기고 불어 묶은 후 8cm 방울을 만들어 ①번의 8자모양의 중심에 걸어준다.

3. 8cm 방울 하나를 더 만들고 첫방울의 주입구 매듭과 틈이 없이 꼬아 고정한다.

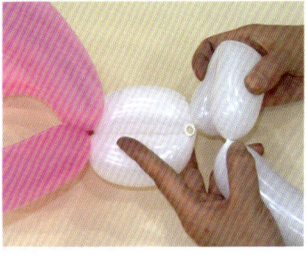

4. 13cm 방울을 만든 후, 접어 꼬아준다. 같은 방법을 2회 더 반복한다.

5. 3cm 방울 하나를 만들고 남은 방울을 터트리고 묶는다.

7. 8cm 방울을 만들어 ⑤번의 중심에 걸어준다.

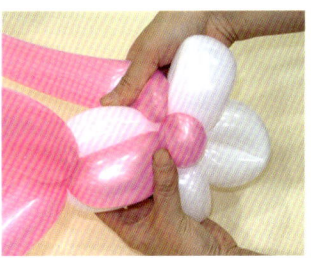

8. 꼬집어꼬기 방울 하나를 만들고 남은풍선은 반대쪽으로 보낸다.

9. 모양을 잡아 주고 5cm 방울을 하나 만든다.

10. 머리둘레 크기의 고리를 만든 후 꼬집어꼬기 방울 1개를 만들고, 남은 풍선은 터트려 마무리한다.

요술풍선
갤러리

Design

요술풍선 갤러리

DeSign

요술풍선 갤러리

Design

풍선천사를 찾은 당신은 이미.. 프로입니다!

요술풍선 갤러리

Design

요술풍선 갤러리

Design

2010년 6월 말레이시아 주체
1st AEON 국제대회
주제 the ocean wonderland
수상작품

2005년 해외 초청 세미나
한국 전통탈 풍선으로 표현

요술풍선 갤러리

Design

2009 벌룬 드레스 패션쇼
라스베가스 - 벌룬캠프

요술풍선
갤러리

Design

비상

힘들고 넘어진 삶의 끝자락에서
뜨거운 심장소리 전해지고
기울어진 어깨에
아름다운 날개 주어지면
푸른 하늘 향해 힘차게 비상하리라

2009 성남 디자인 페스티발 성남시청 / 2010 코엑스 <"비상" 작품 전시>

요술풍선 갤러리

Design

흔적

잔잔히 퍼지는 물결 뒤로하고
길게 물 꼬리 그리며
세월의 끝자락 붙들고 한 바퀴돌고 나니
힘에 빠져 서서히 사그러지는 지나온 나의 흔적
삶의 시작과 노화의 과정을 풍선이라는
오브제를 통해 공기가 빠져 작아지고
외소 해지는 세월의 흔적을 풍선으로 표현

2009년 코리아 디자인 위크 서울역 전시 작품

ABPN을 찾은 당신은 이미 프로입니다.

Chapter 3
풍선장식응용

링코룬 포도송이
신나는 탱탱볼
귀여운 내동생
푸들 강아지
아기 코알라
하트 3단꽃
링코룬 별
링코룬 바구니
링코룬 공
링코룬 꽃 데코
링코룬 나비
링코룬 입체하트
벌룬 토피어리
축하 꽃다발
크리스마스 풍경
나의 산타클로스

01/ 링코룬 포도송이

싱그러운 포도향이 물씬 풍기네요
먹음직스런 포도알이 손 안에서
톡톡 터질것만 같아요.

재료 ▶ 6인치 링코룬-퍼플 19개, 260-그린 2개

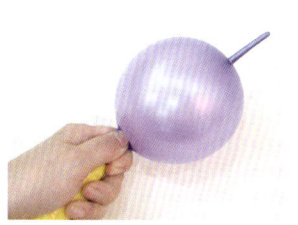

1 링코룬 퍼플을 모두 10cm 크기로 불고 매듭을 묶는다.

2 ①번에서 분 링코룬을 서로 꼬리를 연결하여 묶는다.

3 각각 4개, 6개, 9개들이 고리를 만든다.

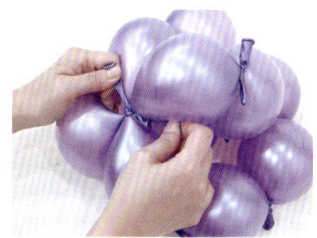

4 4개들이 고리를 6개들이 고리 안으로 넣어 십자형태로 묶어 고정한다.

5 ④번에서 매듭을 묶은 위치에 9개들이 고리를 연결해 준다.

6 ⑤번의 9개들이 고리로 ④번 풍선을 감싸고 남은 3개의 풍선은 꼬아준다.

7 꼬아준 3개의 풍선은 매듭이 풀리지 않도록 고정한다.

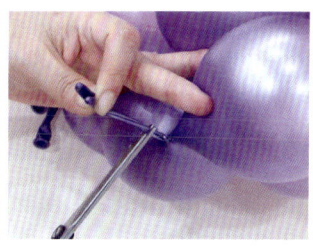

8 포도의 모양이 완성되면 깔끔하게 매듭을 잘라 정리한다.

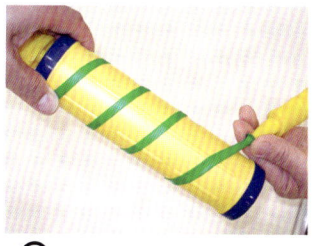

9 260그린을 손펌프에 살짝 당기는 느낌으로 감아준다.

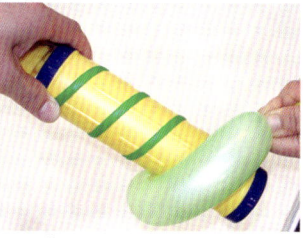

10 풍선이 감긴 상태에서 공기를 주입시킨다.

11 풍선 모양이 흐트러지지 않도록 잘 잡아주면서 끝까지 불어준 후, 살짝 바람을 빼고 묶는다.

12 완성된 포도에 넝쿨줄기를 2~3가닥 꼬아 달아준다.

02 / 신나는 탱탱볼

이제 비싼 장난감은 필요없어요.
얼마나 재밌고 신나는지..
내 손으로 직접 만드는
세상에 오직 하나뿐인
엄마표 장난감이죠~^^

재료 ▶ 12인치 인쇄 클리어-1개, 5인치 라운드-6개, 260-1개

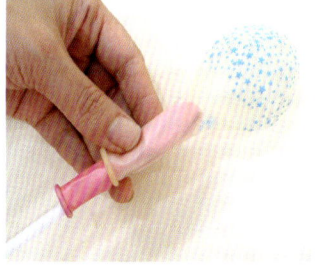

1 스틱을 이용하여 5인치 라운드를 12인치 인쇄 클리어 안으로 집어 넣는다.

2 5인치 라운드가 빠지지 않도록 잘 잡은 후, 클리어 풍선을 20cm크기 만큼 불어준다.

3 안쪽 5인치 풍선을 10cm 크기로 불어준다.

4 5인치 풍선만 밖으로 잡아당겨 매듭을 묶어준다.

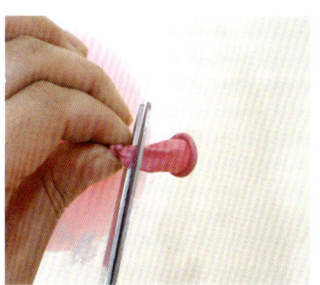

5 안쪽으로 들어가는 5인치 풍선의 주입구를 깔끔하게 가위로 잘라준다.

6 남은 5인치 풍선을 같은 방법으로 모두 집어 넣으면 클리어풍선의 매듭을 묶는다.

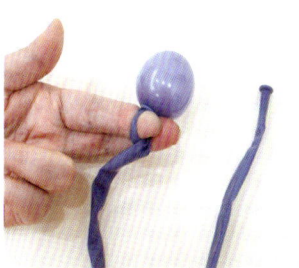

7 260풍선을 끝까지 분 다음, 꼬리부분에서 3cm방울만 남기고 매듭을 묶는다.

8 260풍선의 주입구와 ⑥번의 주입구를 함께 묶어주면 신나는 장난감 탱탱볼이 완성된다.

03 / 귀여운 내동생

깜직이 내동생을 소개할께요.
보세요~!!
넘 귀엽고 사랑스럽죠?

재료 ▶ 6인치 링코룬-화이트 4개, 5인치 라운드-핑크 16개, 12인치 라운드-화이트 1개, 260-화이트 2개

1 5인치 라운드 핑크를 각각 12cm-10cm-10cm크기로 4개들이 송이를 만든다.

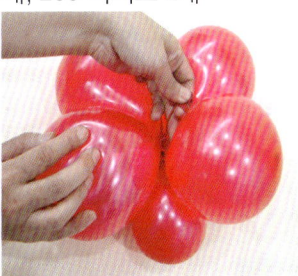

2 10cm송이 위에 12cm송이를 올려 서로 연결한다.

3 다음엔 12cm송이 위에 10cm송이를 올리고 서로 연결하여 몸통을 완성한다.

4 5인치 핑크를 6cm크기로 불고, 6인치 링커룬은 13cm로 불어 함께 매듭을 묶는다.

5 ④번의 방법으로 모두 4개를 만들어 팔과 다리를 준비한다.

6 ⑤번의 풍선을 서로 짝이 맞도록 꼬리부분을 연결하여 팔과 다리 위치에 달아준다.

7 12인치 화이트를 20cm크기로 불어 몸통의 윗쪽에 고정한다.

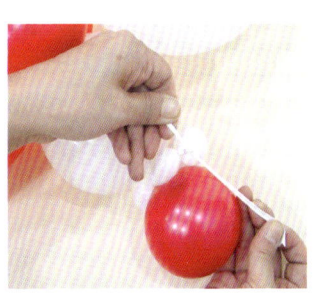

8 260화이트로 방울을 만들어 팔과 다리에 둘러주고, 얼굴에 눈을 그리고, 머리칼을 붙이면 완성~

04 / 푸들 강아지

사랑스러운 저의 푸들강아지예요.
때로는 도도하고 까칠하지만
언제나 나만의 친구랍니다~

재료 ▶ 6인치 링코룬-아주르 17개, 260-화이트 2개

1 링코룬 풍선을 11-11-11-11-11-9-11-8-8-11-11-11-8-8-11-11-9cm크기로 불어 순서대로 연결한다.

2 2번째 매듭과 5번째 매듭을 함께 꼬아 삼각형태를 만들어 준다.

3 맨 처음 방울을 ②번의 풍선의 고리안으로 밀어 넣는다.

4 첫번째 매듭이 고리 중간에 걸쳐지게 해서 푸들의 머리를 완성한다.

5 목이 되는 9cm방울을 남겨두고 11-8-8-11cm방울을 한번에 꼬아 앞다리를 완성한다.

6 몸통인 11cm방울을 남기고 11-8-8-11cm크기의 방울을 꼬아 뒷다리도 완성한다.

7 푸들강아지의 기본 몸통이 완성되었다.

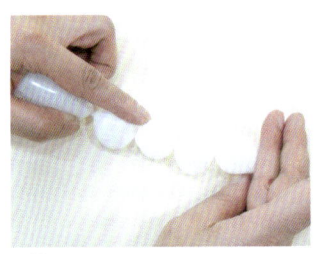

8 260 화이트를 불어 3cm크기의 방울 6~7개 정도 꼬아준다.

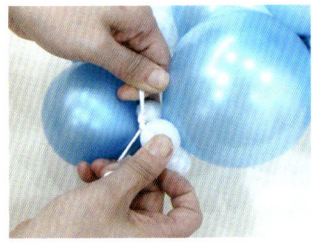

9 ⑧번의 방울을 강아지의 목과 앞, 뒷다리에 감아 매듭을 묶어준다.

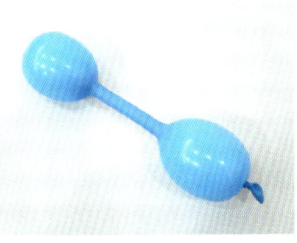

응용 예) 350 풍선을 이용하여 다른 느낌의 꼬리를 연출할 수 있다.

05 / 아기 코알라

잠꾸러기 코알라예요.
아직도 졸리운가 봐요..

재료 ▶ 12인치 링코룬-화이트 2개, 6인치 링코룬-실버 12개, 푸치샤 1개, 5인치 라운드-블랙 1개

1 6인치 링코룬 실버를 12-9-10-10-9-12-12-10-10-12cm크기로 불어 순서대로 연결한다.

2 9cm크기의 두번째 방울과 다섯번째 방울은 각각 꼬집어 꼬기 한다.

3 첫번째 방울 꼬리와 여섯번째 방울 매듭을 함께 꼬아 기본 머리를 완성한다.

4 일곱번째 방울과 마지막 열번째 방울을 함께 꼬아 기본 몸통을 완성한다.

5 12인치 링코룬 화이트를 15cm크기로 불어 ④번 몸통에 앞뒤로 세로형태로 고정한다.

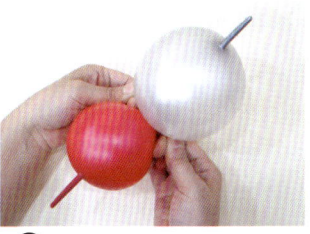

6 링코룬 푸치샤 8cm, 링코룬 실버 10cm크기로 불어 서로 묶는다.

7 ⑥번의 풍선을 얼굴 부분에 세로로 걸어 코알라의 이마와 입을 표현해 준다.

8 6인치 링코룬 화이트 두개를 8cm 크기로 불어 함께 느슨하게 묶는다.

9 ⑧번의 풍선을 코알라 입과 이마 사이에 가로로 걸어 눈을 표현한다.

10 라운드 블랙 풍선을 9cm 크기로 불어 눈과 눈 사이에 고정시켜 코를 표현한다.

11 링코룬 6인치 실버를 10cm크기로 불어 머리 뒤쪽에서 귀와 귀 사이에 걸어준다.

12 완성된 코알라의 앞모습과 뒷모습.

06 / 하트 3단꽃

로맨틱한 하트 3단꽃으로
분위기를 바꿔보세요~
때로는 사랑스럽게..
때로는 럭셔리하게

재료 ▶ 6인치 하트-화이트 5개, 5인치 라운드-핑크 5개, 장미조화, 리본

1 필요한 재료를 준비한다.

2 하트풍선 5개를 하트모양이 나오게 불고, 리본을 풍선의 중심에 양면테이프로 붙인다.

3 라운드 핑크 5개는 7cm로 불어 서로 꼬아주고, 하트풍선도 서로 꼬아준다.

4 하트풍선과 핑크 라운드를 포개어 고정하고 위에 조화를 끼워 연출하면 완성~

07/링코룬 별

반짝반짝 작은 별~
아름답게 비치네~~♪♬
저 하늘의 별을 따올 수 없다면
내가 직접 달아야죠..

재료 ▶ 6인치 링코룬-핑크 10개, 5인치 라운드-화이트 10개

1 6인치 링코룬 핑크 5개를 10cm의 크기로 불어 고리 형태로 만든다.

2 링코룬 핑크를 10cm크기로 분 다음, 양쪽에 화이트 라운드를 5cm크기로 불어 연결한다. 총 5개를 만들어 준다.

3 ①번 고리의 매듭부분에 ②번 풍선 5개를 모두 걸어 준다.

4 링코룬 별 완성~

08 / 링코룬 바구니

오늘은 고마운 사람에게
선물을 준비해 보세요.
이왕이면 방울방울~
예쁜 바구니에 담아준다면
그 마음이 더 예쁘게 전해지겠지요.

재료 ▶ 6인치 링코룬 -핑크 10개, 완성된 링코룬 별 1개, 160-화이트 2개

1 완성된 링코룬 별 준비
*83page-링코룬 별 만드는 방법 참조

2 링코룬 핑크 10개를 10cm 크기로 불어 하나의 고리로 만든다.

3 ②번 고리의 매듭부분에 ①번 별의 바깥쪽 방울을 걸어 준다.

4 반원형이 완성되면 주입구를 깨끗이 잘라 마무리한다.

5 160 화이트 2개를 꼬리 2cm 남기고 분다.

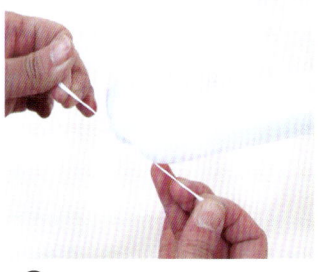

6 ⑥번의 160 두개의 주입구를 함께 묶어준다.

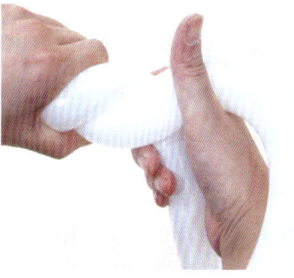

7 주입구로부터 끝까지 꽈배기 모양으로 꼬아준다.

8 ⑦번의 꽈배기를 ④번 반원형의 양쪽에 걸어주면 바구니 완성.

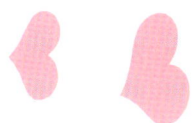

09 / 링코룬 공

링코룬 풍선으로는 못하는게 없어요.
어린 친구들을 위해
커다란 놀이공을 만들어 주세요.
공굴리기도 하고 때로는
공속에 몸을 숨기고
숨박꼭질도 할거랍니다.

재료 ▶ 6인치 링코룬-핑크 30개, 5인치 라운드-화이트 20개

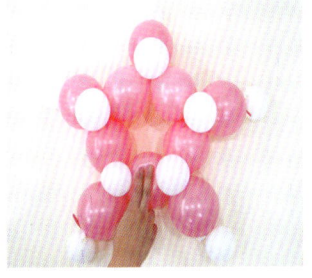
1. 완성된 링코룬 별 2개 준비
*83page-링코룬 별 만드는 방법 참조

2. 링코룬 핑크 10cm크기로 불어 꼬리를 연결하여 고리로 만든다.

3. 먼저 하나의 별 바깥쪽 방울을 ②번의 10개 고리에 2칸마다 하나씩 걸어준다.

4. ③번 과정을 통해 반원형이 완성되었다.

5. 나머지 별도 ③번과 같은 방법으로 10개 고리의 비어있는 곳에 방울을 걸어 완성한다.

10 / 링코룬 꽃 데코

사랑스러운 링코룬 꽃을
창가에 장식해 보세요.
향긋한 차 한잔에
옛 친구를 떠올려도 좋겠죠~^^

재료 ▶ 6인치 링코룬-화이트 6개, 핑크 5개, 5인치 라운드-화이트 5개

1 링코룬 화이트 풍선을 10cm크기로 불어 두개를 함께 묶어 듀플릿을 만든다.

2 10cm크기로 3개를 더 불어 주입구끼리 서로 묶어준다.

3 ①번과 ②번의 풍선을 함께 서로 꼬아 5개 송이를 만들어 준다.

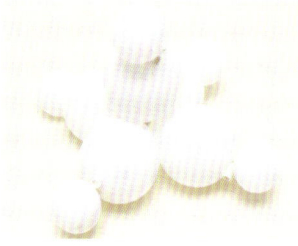

4 5인치 라운드 풍선 5개를 6cm크기로 불어 ③번 풍선의 꼬리부분에 각각 달아준다.

5 링코룬 핑크 풍선 5개를 10cm크기로 불어 서로 꼬리를 묶어 연결한다.

6 5개를 다 연결하여 원 모양으로 만들어 준다.

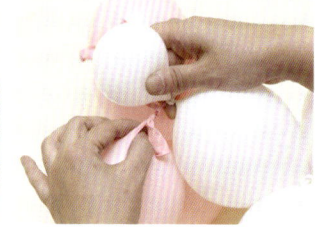

7 ④번에서 만든 풍선의 5인치 방울을 ⑥번의 매듭마다 한바퀴 돌려 걸어준다.

8 5인치 방울을 다 걸어주면 꽃 모양이 완성된다.

9 꽃의 뒤쪽에는 남은 화이트 링코룬 풍선을 8cm크기로 불어 연결한다.

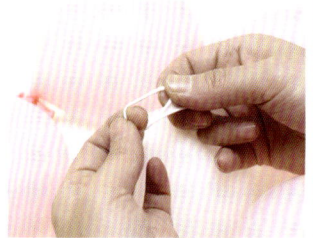

10 ⑨번 화이트 풍선의 주입구를 살짝 구멍을 내어 벽에 걸어줄 때 수월하게 한다.

11 완성된 꽃에 조화, 리본으로 장식하여 벽에 걸어준다.

11/ 링코룬 나비

사랑스런 아이에게 자기 키 만큼
큰 나비를 등에 달아주세요.
어느새 나비가 되어 날아갈지도 몰라요.

재료 ▶ 6인치 링코룬-민트그린 18개, 화이트 10개, 5인치 라운드-화이트 10개, 160-핑크 1개, 완성된 링커룬꽃 1개

1 완성된 링코룬 꽃 1개 준비
*89page-링코룬 꽃 만드는 방법 참조

2 링코룬 민트그린을 10cm 크기로 불어 16개를 서로 묶어 연결한다.

3 ②번 16개 방울의 중심을 링코룬 꽃의 화이트 방울에 걸어준다.

4 민트그린 방울의 끝부분을 사진처럼 아래 방울에 양쪽 대칭이 되도록 연결한다.

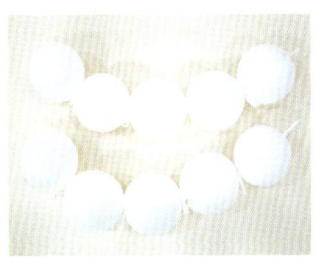

5 링코룬 화이트를 10cm크기로 불어 5개씩 연결하여 총 2개를 만든다.

6 ⑤번의 풍선을 아래쪽 그린 마지막 방울 양쪽 매듭에 걸어 고정한다. 양쪽 대칭.

7 민트그린 2개를 10cm크기로 불어 화이트 날개의 아래쪽에 양쪽 하나씩 걸어준다.

8 화이트 라운드 풍선을 6cm 크기로 불어 2개씩 4묶음을 만들어 놓는다.

9 풍선 3개가 모여지는 삼각형 부분에 ⑧번 라운드 풍선을 앞뒤로 고정하여 준다.

10 160 핑크를 끝까지 불어 반을 나누고, 끝부분은 달팽이 모양을 잡아 테이프로 고정시킨다.

11 ⑩번의 더듬이를 완성된 나비의 윗쪽 중심 부위에 걸어준다.

12 링코룬 나비 완성

12 / 링코룬 입체하트

샤방~샤방~♡♡
넘 사랑스러운 하트예요~
그대를 향한 내 마음과 닮았네요.

재료 ▶ 6인치 링코룬-핑크 74개, 조화, 리본

1 링코룬 핑크를 10cm크기로 각12개, 16개씩 연결한다.

2 ①번 풍선을 1(안)-1(겉)을 꼬아준다.

3 다음은 1(안)-2(겉)을 꼬고, 계속해서 안과 겉을 1-2, 2-2, 1-3, 2-2, 1-2, 1-2 순서로 꼬아준다.

4 ③번의 과정이 끝나면 안쪽 풍선 2개가 남는다.

5 겉방울의 처음과 마지막을 서로 묶어 고정한다.

6 남은 안쪽풍선 2개를 ㄴ자 모양으로 자리를 잡아주고 매듭으로 고정한다.

7 각각 풍선 4개가 만나도록 해서 매듭을 묶어 고정한다.

8 ②~③번 과정을 한번 반복하여 총 2개의 링코룬 단면 하트를 완성한다.

9 링코룬 핑크를 10cm크기로 불어 하나의 단면하트 18개의 매듭마다 각각 하나씩 달아준다.

10 또 다른 단면하트 하나를 ⑨번 위에 올리고 매듭으로 서로 연결한다.

11 입체하트 완성

12 완성된 입체하트에 조화와 리본으로 장식하여 준다.

13 / 벌룬 토피어리

테이블 위가 허전하다면.. 사랑스러운 토피어리 하나 어떠세요?
인테리어 소품으로도 훌륭하지만,
무엇보다 집안 분위기를 확~ 바꿔줄 거예요..

재료 ▶ 5인치 라운드-에메랄드그린 12개, 클리어 12개, 사각화분, 스틱 3개, 플로라테잎, 리본 및 조화

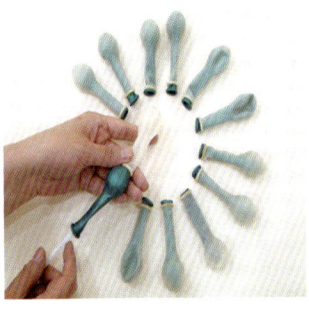   

1 에메랄드그린 라운드를 스틱에 끼우고, 또다시 클리어를 끼워 총 12개를 만들어 놓는다.

2 ①번 풍선을 10cm크기로 불어 겹풍선을 만든 후에 2개씩 묶는다.

3 ②번의 2개송이 2개를 꼬아 4개송이로 만든다.

4 4개송이-2개 2개송이-2개가 되도록 만들어 놓는다.

  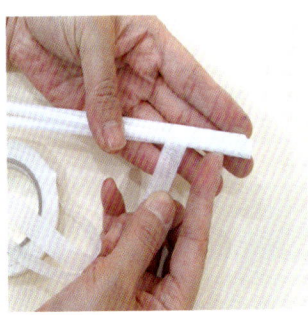 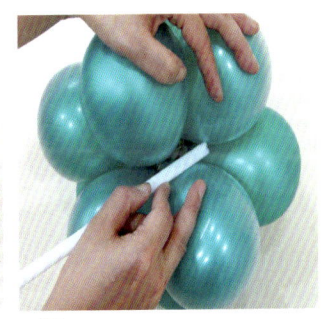

5 먼저 4개송이끼리 꼬아 준 다음, 2개송이를 하나씩 더 해가면서 모두 꼬아준다.

6 모두 꼬아지면 동그란 모양이 되도록 모양을 잡아준다.

7 스틱 3개를 플로라테잎으로 고정한 다음, 리본으로 전체를 감아준다.

8 스틱 한쪽에 양면테잎을 붙이고 풍선볼에 끼워 고정한 다음 화분에 꽂아 완성한다.

14 / 축하 꽃다발

사랑하는 이의 특별한 날인가요?
이 간절한 마음이 전해지도록
나만의 방식으로 선물을
전해보세요.
기대하지 못한 감동을
선물하게 될지도..

재료 ▶ 5인치 라운드-블루 겹풍선 5개, 화이트 5개, 스틱 5개, 카스바 2장, 조화, 리본

1 10cm크기의 블루겹풍선 5개송이와 6cm크기의 화이트 풍선 5개송이를 함께 꼬아준다.

2 겹풍선을 아래에 두고 윗단에 화이트 풍선을 포갠 후, 주입구끼리 묶어 고정시킨다.

3 화이트 풍선 사이에 조화를 꽂아 고정시킨다.

4 조화를 꽂아 완성한 모습

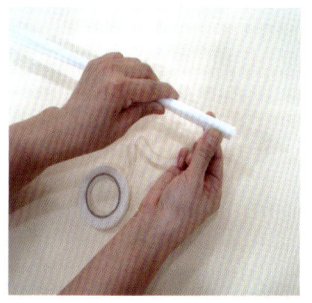

5 스틱 5개를 플로라테잎으로 고정시키고, 리본으로 감아준다.

6 풍선다발 아래쪽에 ⑥번의 스틱을 꽂아 고정한다.

7 카스바 2장을 스틱에 끼워 고정하고 리본으로 마무리한다.

15 / 크리스마스 풍경

벌써부터 하얀 겨울이 기다려져요.
예쁜 캐롤과 하얀 눈이 있는
특별한 크리스마스~

재료 ▶ 눈사람/ 260-화이트 1개, 160-블루 3개, 12인치 라운드-화이트 1개, 5인치 라운드-화이트 1개
　　　　미니트리/ 5인치 라운드-화이트 17개, 블루 6개, 크리스마스로고 엠보, 리본

1 12인치 화이트는 20cm크기로 불고 5인치 화이트는 11cm크기로 불어서 함께 묶는다.

2 260 화이트를 불어 3cm 방울 꼬집어꼬기하고 35cm 크기의 방울로 고리를 만든다.

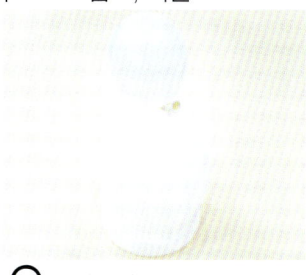

3 ②번 고리를 ①번 20cm 풍선 하단에 테잎으로 고정시켜 받침을 만든다.

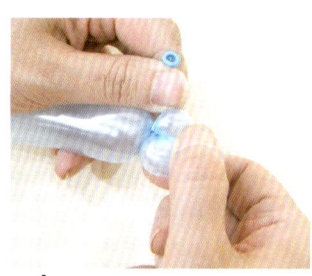

4 160 블루를 20cm 남기고 불어 2cm방울을 꼬집어꼬기한다.

5 8cm 방울을 만들어 접어꼬기 한다.

6 8cm 방울을 만들어 ⑤번 접어꼬기에 돌려주고 남은 풍선은 터트려 마무리한다.

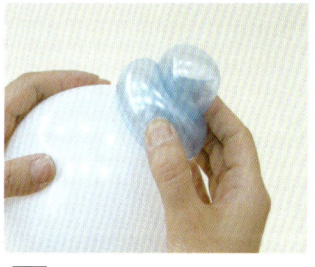

7 ⑥번에서 완성된 모자를 ③번의 머리위에 붙여준다.

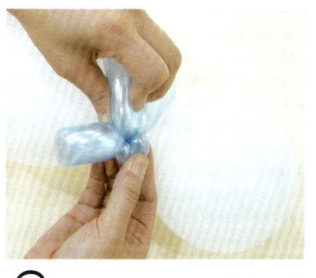

8 160블루로 목둘레만큼의 방울을 만들고, 접어꼬기로 리본을 만들어 목도리를 만든다.

9 블루 10cm, 화이트 12-10-8-6cm크기의 4개송이 풍선과 물풍선 1개를 준비한다. 장식한다.

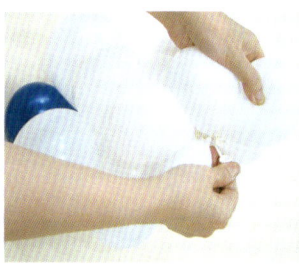

10 ⑨번의 순서대로 포개어 쌓아 올리면서 서로 주입구로 묶어 고정한다.

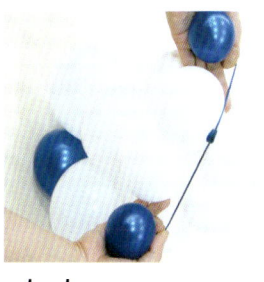

11 블루 라운드 두개를 5cm 크기로 불어 서로 늘어지게 묶은 후, 화이트풍선 양쪽에 걸어 장식한다.

12 맨 아랫단에는 물풍선을 부착하여 무게중심을 잡아준다.

16 / 나의 산타클로스

올해는 귀여운 산타를
기대해도 좋겠죠.
이왕이면 썰매보다
씽씽~ 스키를 타고 달려오는
나의 산타클로스를 기다려봐요~

재료 ▶ 12인치 라운드 인쇄풍선-스마일 옐로 1개, 5인치 라운드-블랙 4개, 화이트 5개, 12인치 링코룬-레드 1개, 6인치 링코룬-레드 1개, 160-레드 1개, 화이트 2개, 블랙 1개, 물풍선 1개

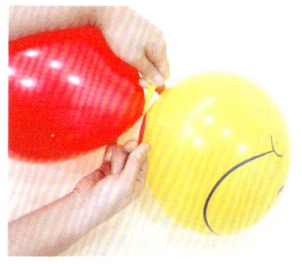

1 스마일풍선은 20cm, 12인치 링코룬 레드는 25cm로 불어 함께 묶는다.

2 ①번의 레드풍선 아래에 물풍선을 달아준다.

3 5인치 블랙 라운드를 11cm로 불어 4개송이를 만든다.

4 ③번의 블랙풍선을 ②번의 물풍선 매듭에 끼워 고정한다.

5 6인치 링코룬 레드는 12cm, 5인치 화이트는 8cm크기로 불어 사진처럼 만들어 준다.

6 ⑤번을 목에 걸어 고정한다.

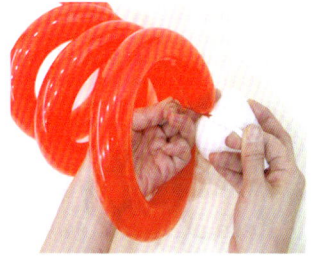

7 160 레드를 스파이럴 모양을 만들고, 5인치 화이트는 6cm로 불어 함께 연결해 모자를 완성한다.

8 ⑦번의 모자를 양면테잎으로 스마일 풍선의 머리쪽에 붙여준다.

9 양쪽 손목에 160 화이트를 10cm크기 둘러 꼬집어꼬기로 마무리한다.

10 160 화이트를 2cm 꼬집어꼬기-5cm 방울을 반복해서 정사각형을 만든다.

11 160 블랙을 불어 ⑩번의 정사각형의 마름모 방향으로 끼워 고정한다.

12 ⑪번 마름모 모양을 배쪽에 위치시키고 허리에 둘러준 다음, 뒤쪽에서 꼬집어꼬기로 마무리한다.

ABPN을 찾은 당신은 이미 프로입니다.

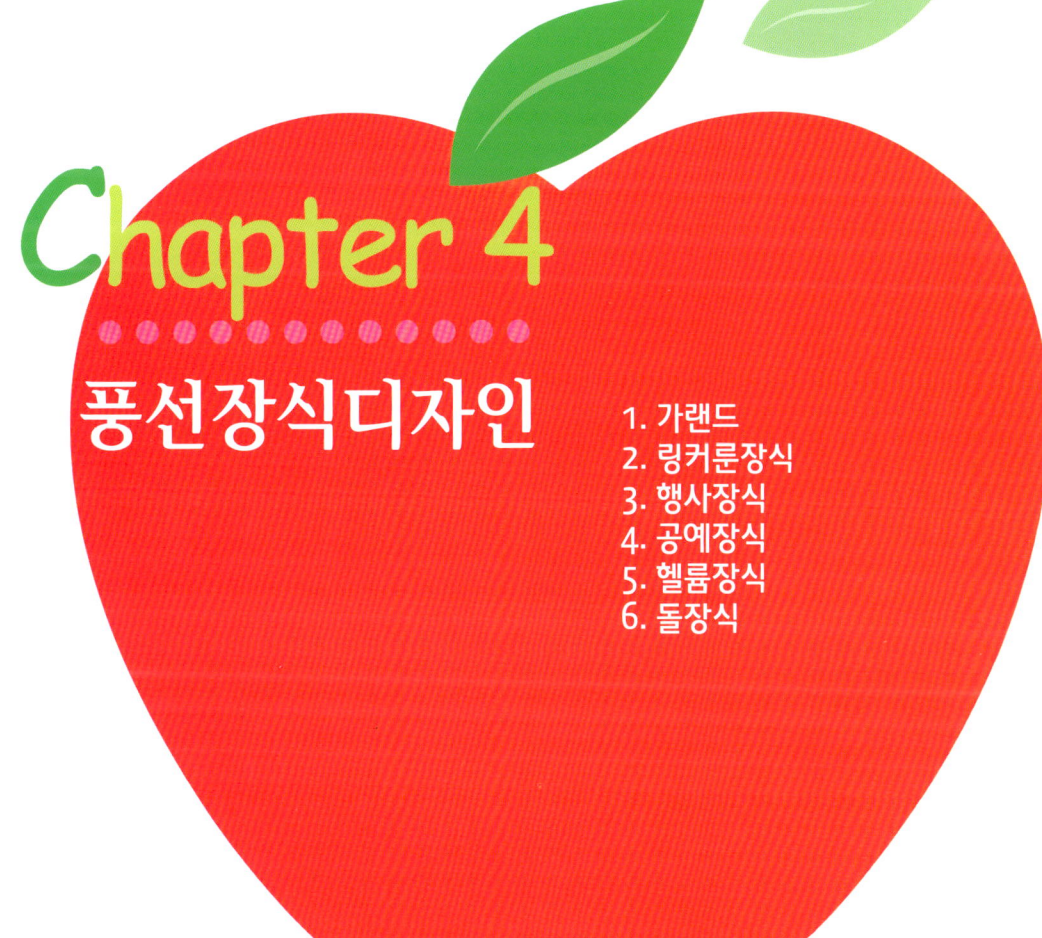

Chapter 4
풍선장식디자인

1. 가랜드
2. 링커룬장식
3. 행사장식
4. 공예장식
5. 헬륨장식
6. 돌장식

Chapter 04 풍선장식 디자인

1. Garland

낚시 줄이나 로드에 연결하여 풍선 단을 포개지게 쌓아 올린 형태의 구조물이다.

1. 가랜드의 단위

Duplete(듀플릿) or Pair(페어) 설명 : 똑같은 크기의 두 개의 라운드 풍선을 동시에 최대한 틈이 없이 묶어주는 것.

Clusters(클러스터) 설명 : 두 개씩 묶어져 있는 풍선 두 개를 서로 엇갈려 틈이 없이 꼬아 놓은 형태 3개 묶음을 3클러스터 4개 묶음을 4클러스터 5개 묶음을 5클러스터 6개 묶음을 6클러스터라고 한다.

3클러스터   4클러스터   5클러스터   6클러스터

가랜드에 들어가는 풍선 갯수 구하는 공식

$$공식 = \frac{만들고자\ 하는\ Garland\ 의\ 길이}{풍선을\ 불었을\ 때의\ 크기(지름)} \times 매직넘버\ (4.7)$$

예) Garland 길이가 6M이고, 불었을 때 풍선의 지름이 20CM일 때 Garland에 들어가는 풍선 개수는?

풀이 = 600cm÷20cm = 30단 X 4.7 = 141개..4Cluster의 Garland 이므로 4의 배수...약 144개

🍎 듀플릿과 클러스터로 간단한 꽃풍선 만들기 🍎

4클러스터 2단 꽃 모양 만들기 🌿

나비 모양 만들기 🌿

5클러스터 3단 꽃 모양 만들기 🌿

퍼프볼 만들기 🌿

2. 라운드 풍선의 표현 기법 (두겹불기)

■ 겹 풍선(double staff balloon)
풍선 안에 풍선을 넣어 두 겹 풍선 중 안쪽 풍선에만 공기를 불어넣은 기법으로 내구성이 좋고 서로 다른 색 풍선 두 개를 겹쳐 함께 불 경우 새로운 색을 만들 수 있다.

겹풍선

■ 검 볼(Gumballs)
풍선 속에 조금만 풍선들을 불어 매듭을 안쪽에 넣어 큰 풍선 안에 돌아다니게 만드는 것, 겉 풍선은 먼저 불고 작은 풍선을 주입구에 끼운 다음 불어서 묶어준다.

검볼

■ 이중풍선(double bubble balloon/twin balloon)
두 겹의 풍선 중 안쪽 풍선을 작게, 바깥쪽 풍선은 크게 불어주는 기법 바깥 풍선은 먼저 불고, 안쪽 풍선을 불어준다.

이중풍선

3. Garland(가랜드) 만들기

클러스터를 낚시줄이나 줄을 이용해 길게 연결해 쌓은 형태를 가랜드라고 한다.

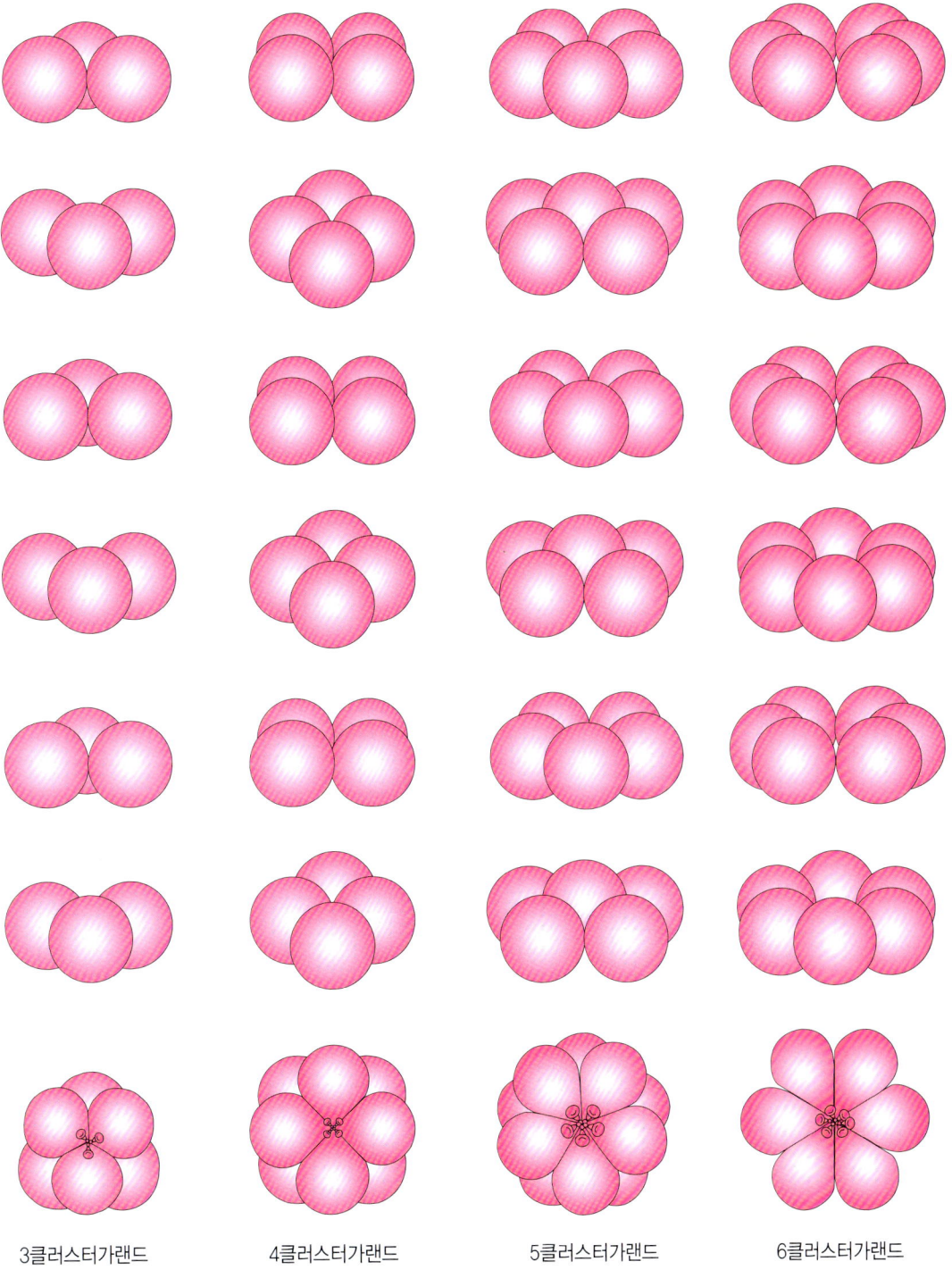

3클러스터가랜드　　4클러스터가랜드　　5클러스터가랜드　　6클러스터가랜드

4.가랜드의 모양에 따른 종류

1)일자형(straight shape) : 일정한 크기로 엮어놓은 형태

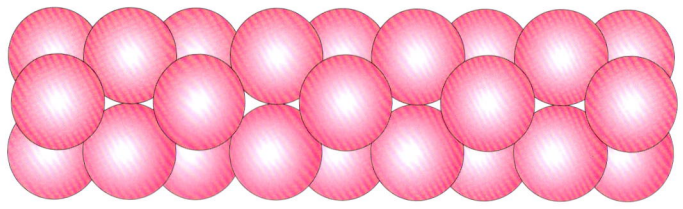 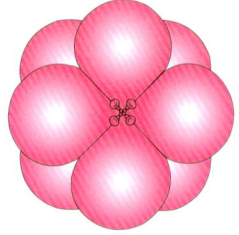

2)콘 쉐이프형 (corn shape) : 크기를 조금씩 줄여서 엮어놓은 형태

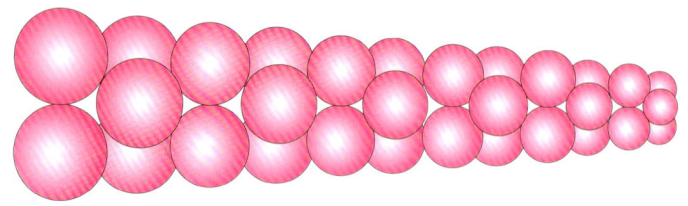 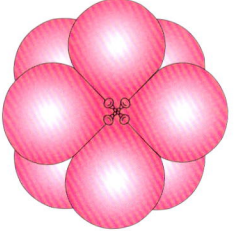

3)더블콘 쉐이프 : 크기를 점점 크게 불다가 반대로 점점 작게 불어 엮어 놓은 모양의 가랜드

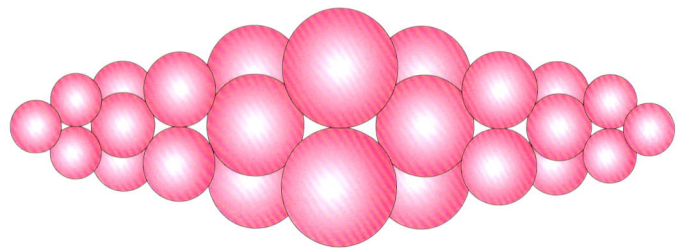 

4)사각가랜드(Alternative size square packed garland : 클러스터가 2개의 다른 사이즈의 풍선을 사용하며 9:7 사이즈로 작업하며 풍선 벽과 사각아치 만들때 많이 사용된다.

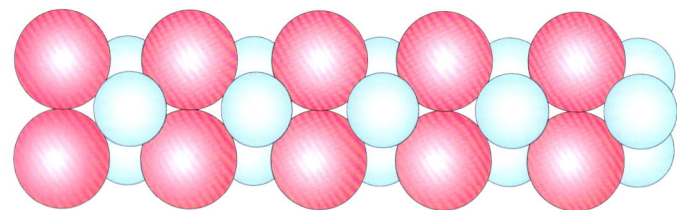 

5)듀플릿 가랜드 (duplet square pack garland) : 듀플릿을 십자모양으로 잡아 엮어 만든 가랜드

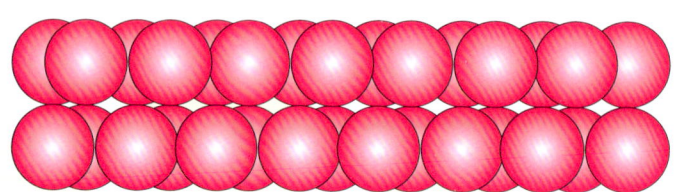 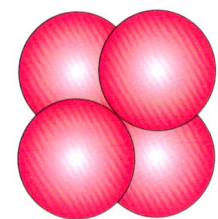

듀플릿 가랜드 도안 참고(duplet square pack balloon wall)

듀플릿 스케워 팩 가랜드 구하는 공식

가랜드의 총길이 나누기 풍선을 불었을 때의 지름 × 4

5. 입구 장식

생일 파티 입구나 행사장 출입구에 세워두는 장식

6. 가랜드의 종류

1) 컬럼(Column) : 직선 스타일의 풍선Garland 기둥 출입구 양쪽에 2개를 똑같이 만들어 세워 양쪽에 장식하거나 무대 메인에 많이 사용된다.

가랜드를 활용한 기둥 만들기

- 그리스 기둥 : 가운데 부분은 4.5인치로 불고 위와 아래에는 8.5 –7.5인치로 불어 끼운다.
- 트리기둥 : 맨 밑에서부터 나무 기둥 4.4인치로 만들고 8-7.5-7-6.5-6-5-5.5-5-4.5 인치로 점차적으로 사이즈를 줄여가며 끼워 만든다.
- 클라우드기둥 : 위아래 8.5-7.5-4.5인치로 불어 끼운후 정가운데는 나비나 퍼프볼로 고정시킨다.

그리스기둥   트리 기둥   클라우드 기둥

2) 행잉(Hanging) : 낚시줄로 가랜드를 매달아 놓은 형태

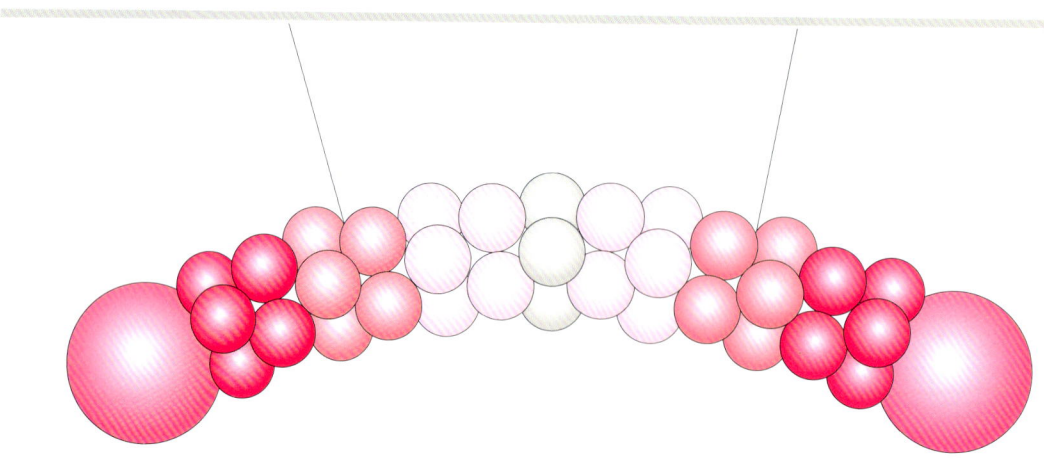

3) 스웨그(Hanging) : 천장에 곡선 형태로 매달려 있는 Grand형태로 대형매장의 통로 윗면 천장이나 출입구 윗부분 장식에 쓰인다.

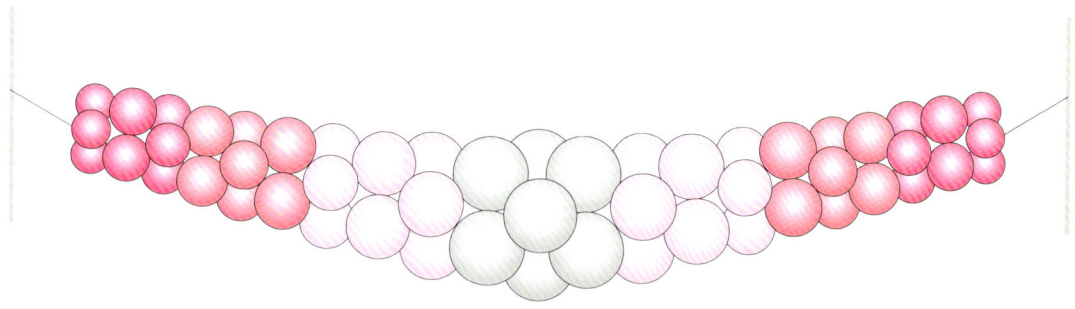

4) 아치(Arch) 장식 : 개업이나 이벤트 행사에 많이 쓰이는 풍선장식으로 풍선이 약 144개정도 들어가며 물통에 아치대를 고정시키고 원하는 모양과 색상으로 풍선을 끼워 장식한다.

■ 아치패턴의 종류

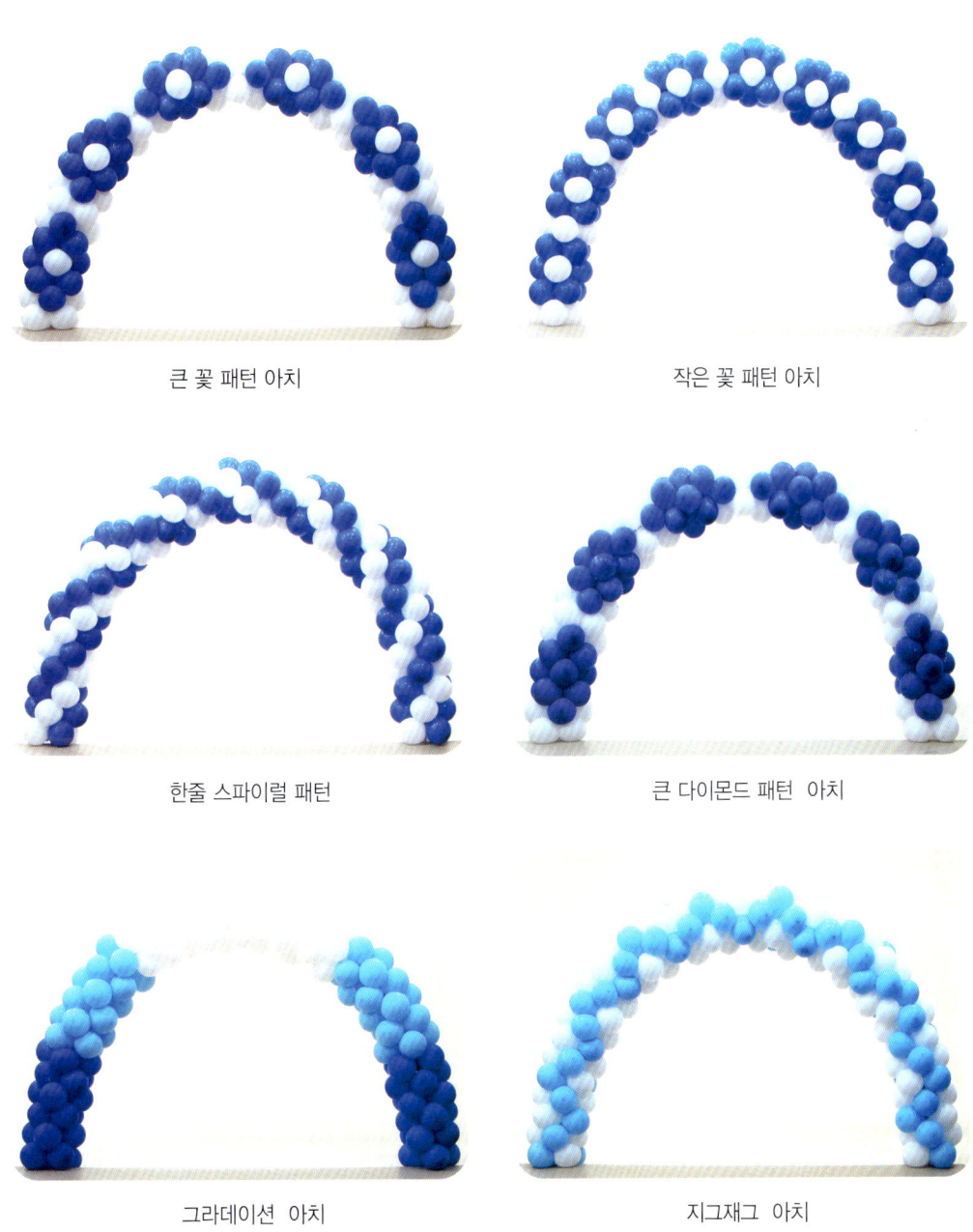

큰 꽃 패턴 아치   작은 꽃 패턴 아치

한줄 스파이럴 패턴   큰 다이몬드 패턴 아치

그라데이션 아치   지그재그 아치

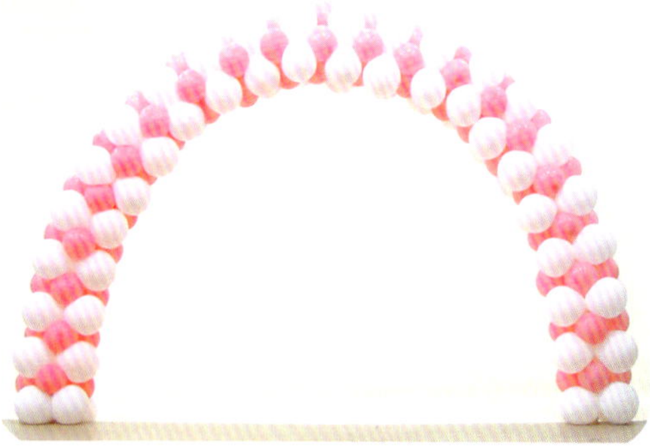

사각 스퀘어 패턴

화살표 패턴

더블 스파이럴 패턴

작은 다이아몬드 패턴

아치 구하는 공식

설치 하고자 하는 장소의 높이와 폭의 길이를 산정하고 정확한 작업량을 산출하여 작업비용과 시간단축의 장식효과를 높인다.

W=폭　H=높이　L길이
1. W>H → W+H
2. W=H → W+1.5H
3. W<H → W+2H

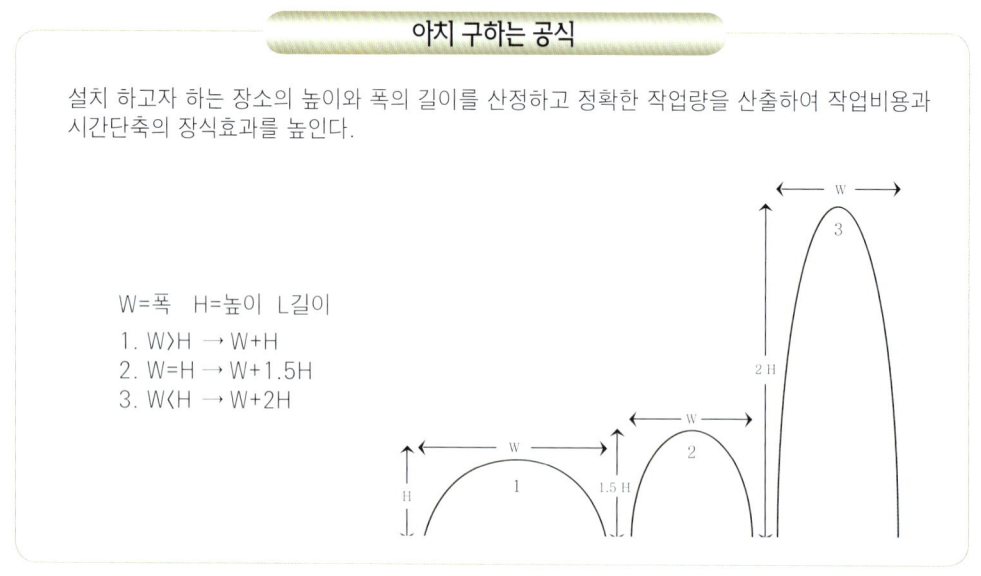

아치 갤러리 Design

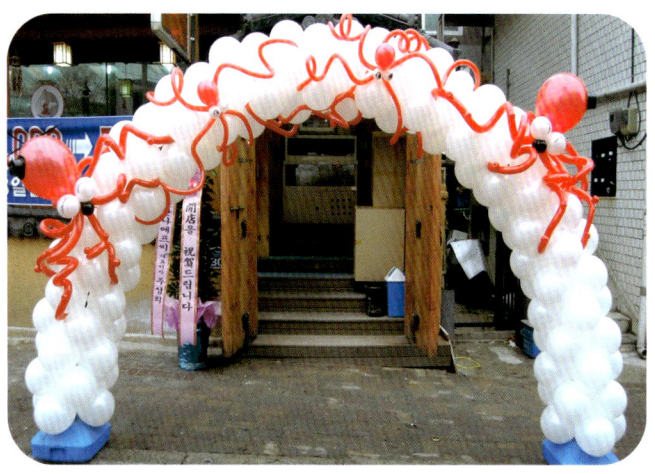

아치 갤러리 DeSign

아치 갤러리 Design

아치 갤러리 Design

아치 갤러리 Design

아치 갤러리   DeSign

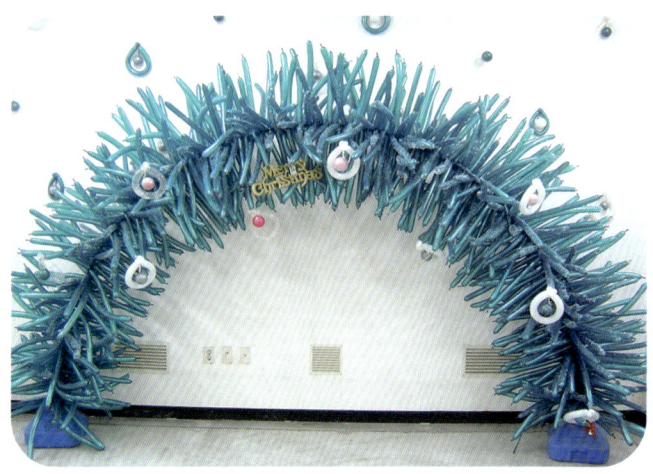

아치 갤러리 | Design

아치 갤러리 Design

아치 갤러리

Design

2.링커룬 장식

링커룬의 설명 : 풍선 주입구 의 반대쪽에 꼭지가 달려있어 풍선끼리 손쉽게 묶을 수 있으며 작업 시 낚시 줄 이 필요 없다. 매우 빠른 시간에 작업이 가능하고 입체적인 조형물을 크고 손쉽게 만들 수 있는 것이 장점이다.
또한 헬륨장식을 매우 효과적으로 할 수 있으며 풍선 사이즈는 6" 12" 두 종류의 크기가 있다.

링커룬 디자인 응용

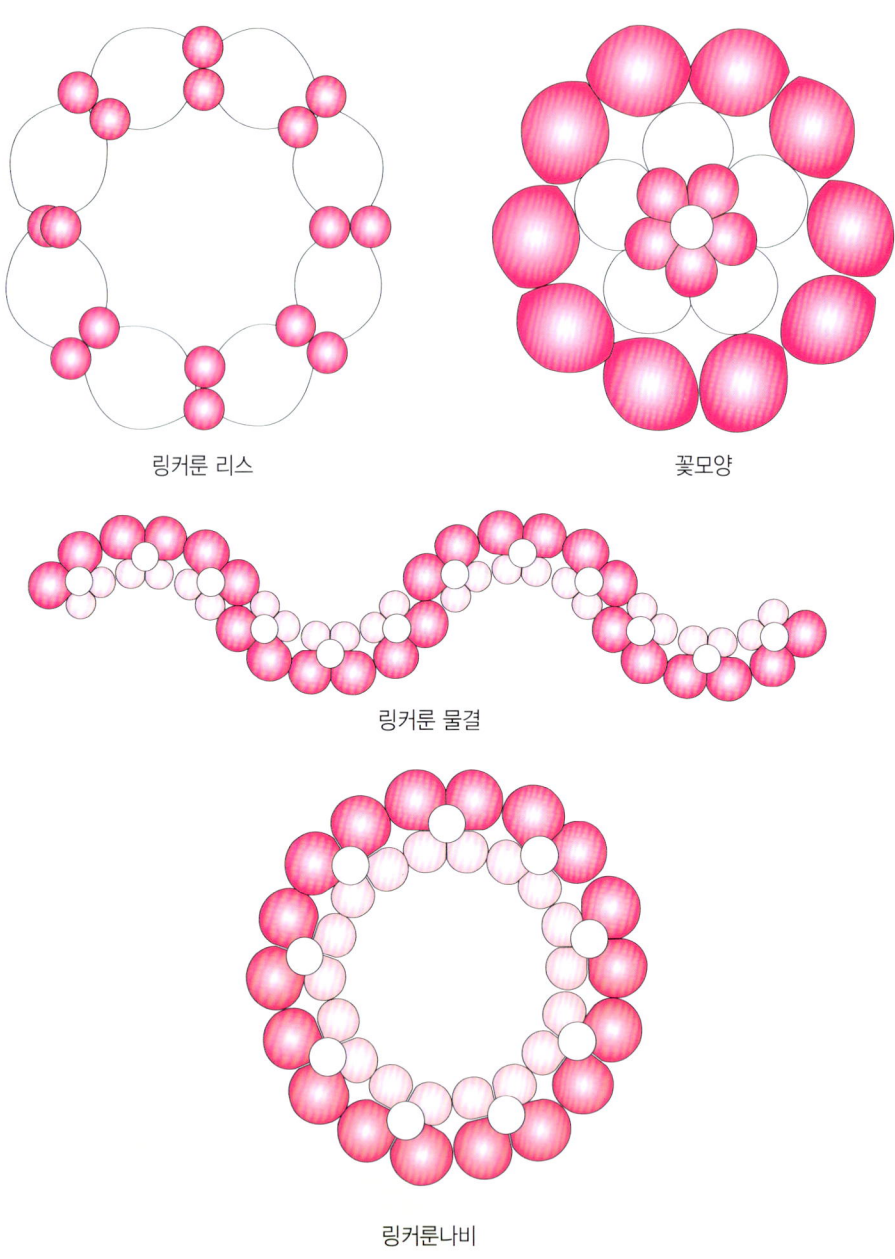

링커룬 리스

꽃모양

링커룬 물결

링커룬나비

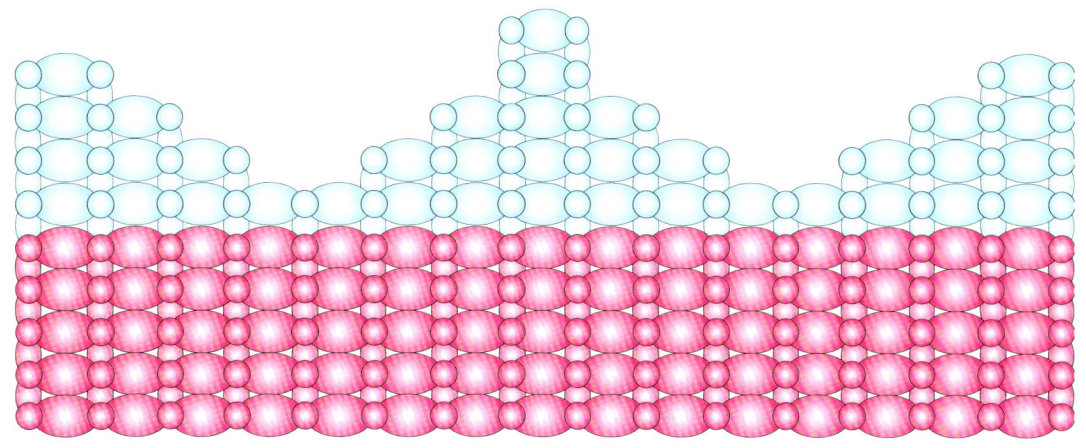

링커룬 벽화1 패턴

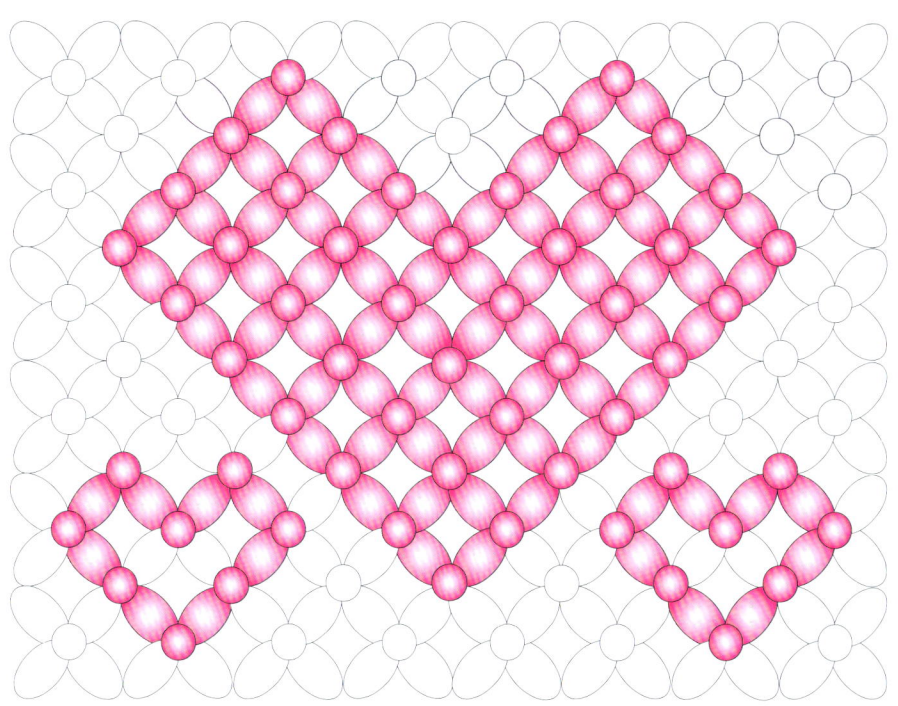

링커룬 벽화2 패턴

125

링커룬장식 갤러리

Design

링커룬장식 갤러리

Design

링커룬장식 갤러리

Design

링커룬장식 갤러리

Design

3. 행사 장식

생일파티, 결혼기념일, 송년회 모임, 어린이날 행사 등..,
각종 모임에 특별하게 센스 있는 장식으로 이벤트의 흥을 더욱 더 돋보여 줍니다.
특별한 날의 이벤트!
당신이 상상하는 모든 것들을 아름답고 특별하게 만들어볼까요?
행사전에 준비해야 할 것들을
간단히 체크해보고 준비하며 시작합시다~

1) 행사전 체크리스트

구분	내용	상세내용	W-2	D-5	D-2	D-1
장식	메인	기둥2개				
	입구	펄스트링아치				
	테이블	센터피스10개				
장비	사다리					
	박스테이프					
	줄자					
	공구					
	물통					
	마운트					
	절연테이프					
	가위					
준비	작업배치도					
	카메라					
	필기도구					

2) 행사시 주의사항

가. 행사장 사전 점검 (행사장 위치, size체크) 공간 스케치 답사 준비 시 준비물
  (카메라, 줄자, 필기도구)
나. 행사 컨셉과 장식 스타일링 체크
다. 작업 인원 및 예산 계획 수립
라. 작업 메뉴얼에 대한 체크리스트
마. 철거 계획 유무 확인
바. 행사 후 사후 고객관리 체크리스트

Design

행사장식
갤러리

Design

행사장식 갤러리

Design

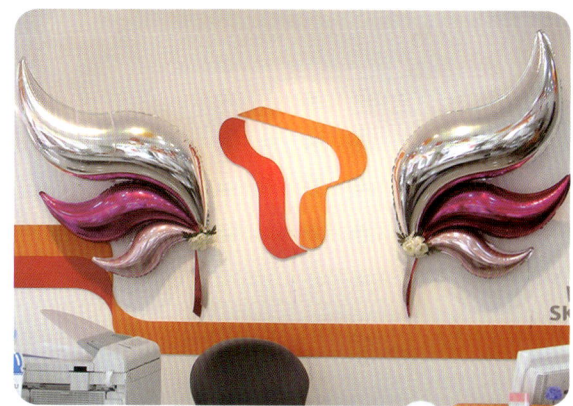

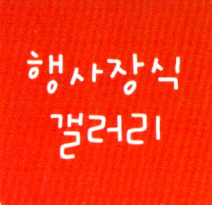

Design

행사장식 갤러리

Design

행사장식 갤러리

Design

행사장식
갤러리

Design

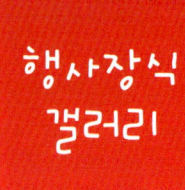

Design

행사장식
갤러리

Design

Design

행사장식 갤러리

Design

Design

행사장식
갤러리

DeSign

행사장식 갤러리

Design

DeSign

4. 풍선공예

풍선을 불지 않고 철사나 부자재를 사용하여 장식하는 것을 말하며 풍선을 불지않고 만들기 때문에 보관성이 비교적 좋다.

01 / 장미 만들기

재료 ▶ 30cm 20호 철사14개, 15cm 20호 철사1개, 라운드13cm 16개 기본레드, 가위, 닛퍼

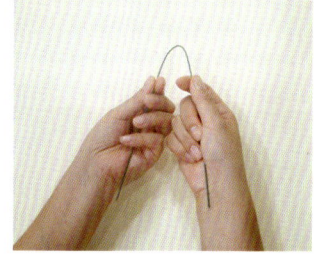

1 만들고 싶은 장미 꽃잎의 숫자만큼 30cm 20호 철사를 U형태로 모양을 잡아준다.

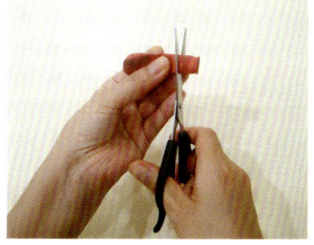

2 라운드13cm 기본레드 주입구로 부터 약 1cm 정도 모두 가위로 자른다.

3 사진처럼 꽃심을 만들 풍선에 15cm 철사를 사선으로 돌려 감은후 플로라 테이프로 감아둔다.

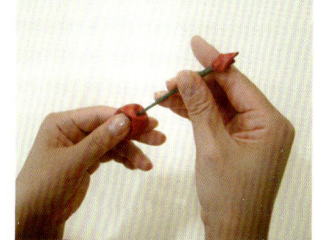

4 2번의 풍선하나를 끝을 살짝 자른후 3번에 꽃심속에 집어 넣는다.

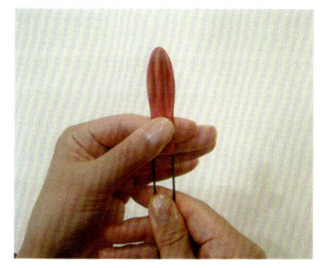

5 U자모양의 철사에 2번의 라운드 풍선을 8개를 끼워 넣는다.

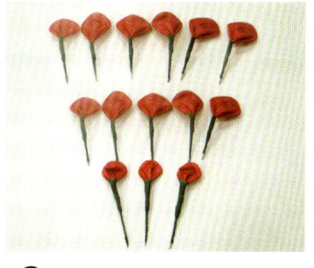

6 3개는 꽃잎이 2cm정도 남기고 플로라 테이프로 감아주고 5개는 꽃잎을 약 3cm정도 남긴후 플로라 테이프를 감아주고 6개는 3,5cm정도 남긴후 감아준다.

7 미리만들어놓은 꽃심을 중심으로 2cm정도의 꽃잎을 둘러 플로라테이프로 감아준다.

8 7번위에 3cm정도크기의 꽃잎 5개를 둘러 플로라 테입으로 감아준다. 3,5cm의 꽃잎 6개를 7번위에 둘러주면.. 완성됩니다.

02 / 카네이션 만들기

재료 ▶ 15cm 20호 철사1개, 핑킹가위, 플로라테이프, 13cm라운드 레드 19개, 닛퍼

1 라운드 풍선 주입구 뒷쪽은 일반가위로 1cm정도 자른 뒤 둥근모양 앞부분은 핑킹가위로 직선으로 자른다.

2 1번풍선을 일반가위로 세로로 가위질을 해서 풍선을 한 장으로 만든뒤 지그재그로 모양을 잡아 15cm철사에 감아 꽃심으로 사용한다.
(이때 꽃심크기가 3cm가 되도록 테이프로 감아 고정시켜준다.)
남은 18개풍선도 각 각 한개씩 꽃잎이 3cm크기로 플로라 테이프로 고정시킨다.

3 2번을 3장씩 모아 플로라 테이프로 감아준다.

4 꽃심을 중심으로 3장씩 묶여 있는 꽃잎 6개 한번에 잡아 원형을 만들어가며 테이프로 고정시켜준다.

5 1송이 카네이션 완성

03 / 백합 만들기

재료 ▶ 13cm화이트 라운드 풍선, 30cm 20호 철사 , 160옐로우, 가위 플로라테이프

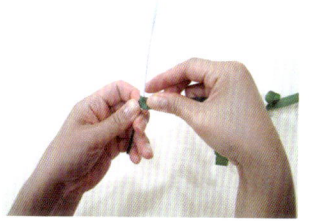

1 13cm화이트 라운드 풍선 주입구를 1cm정도 자른뒤 U형태의 철사에 끼워 바짝 잡아당긴후 사진과 같이 플로라 테이프로 감아줍니다.

2 꽃한송이 만드는데에 같은 크기로 플로라 테이프 를 감은 꽃잎이 5~6개정도 필요합니다.

3 15cm정도 20호 철사 끝부분을 그림과 같이 닛퍼로 원형을 만들어 꽃심으로 사용합니다.

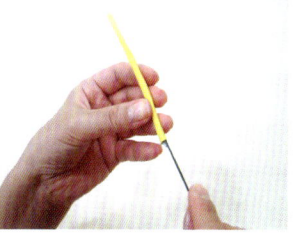

4 160옐로우 요술풍선을 15cm정도 자른뒤 3번에 끼워 플로라 테이프로 감아둔다.

5 사진과 같은 모양으로 모양을 잡은후 꽃심을 중심으로 꽃잎으로 주위를 두른뒤 플로라 테잎으로 감아준다

6 꽃잎 한장씩 양손으로 잡고 사진과 같이 꽃잎 가운데를 양쪽으로 잡고 바깥쪽으로 벌려서 모양을 잡아둔다.

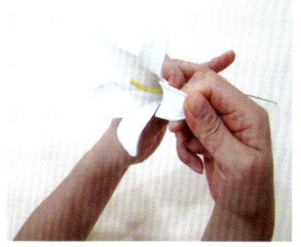

7 꽃잎 하나씩 끝부분을 잡고 자연스럽게 뒤로 라인을 잡아 준다.

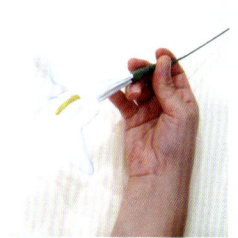

8 완성

04 // 삐에로 인형 만들기

재료 ▶ 스트로폼 원형 3,4 지름 1개, 라운드 5인치 레드 2개, 5인치 화이트 1개, 5인치 블루1개, 화이트 플로라테이프 가위, 30cm스틱, 350화이트 풍선, 16인치 라운드 옐로우1개, 646 요술풍선 핑크, 블루 각 각 2개씩, 화이트260 요술풍선2개, 철사 26호 2개, 20호 2개, 가위, 닛퍼

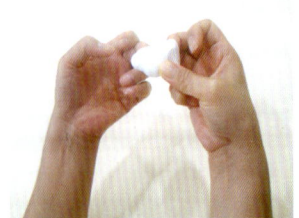

1 5인치 화이트 주입구쪽으로 부터 약 1cm정도 자른뒤 사진과 같이 풍선을 벌려 스트로폼을 넣는다.

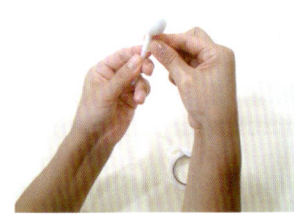

2 스틱을 약 8cm정도 사선으로 자른뒤 완성된 1번에 깊숙히 끼워 고정시킨다.

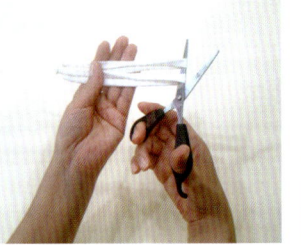

3 2개의 화이트 요술풍선을 사진과 같이 반을 접어 주입구쪽으로 2cm정도 길게 나눈 뒤 가위로 자른다.

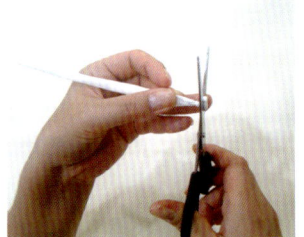

4 4번에 주입구가 있는 요술풍선 2개를 각 각끝을 묶어준뒤 테두리를 오려 둔다.

  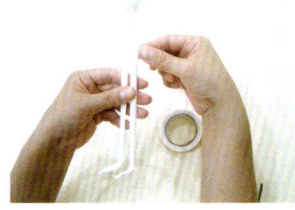 

5 20호철사를 U모양으로 만든 뒤 5번에 끼우고 남은스틱을 반을 나눠 철사 끝으로 부터 2cm 정도만 띄우고 스틱을 끼워 넣는다.

6 4번의 잘라 남은 막혀있는 요술풍선도 u형태로 만든 26호 철사에 끼워 화이트 플로라 테이프로 감아둔다.

7 목에서 부터 1cm 내려와 휴지로 감아 몸통을 만든뒤 테이프로 고정시키고 5번을 붙여 다리를 완성한다.

8 몸통위에 6번을 각각 붙여 감아 팔을 완성시킨다.

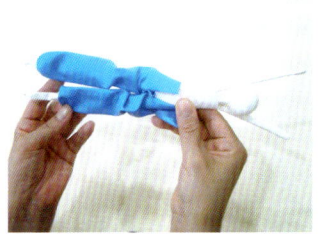   

9 646블루요술풍선을 반으로 자른뒤 막혀있는부분은 끝을 살짝 구멍을 만들어주고 세로로 약 3cm정도 트임을 가위로 준뒤 다리에 입혀준다.

10 허리모양을 겹치도록 맞춘뒤 프로라 테이프로 고정시킨다.

11 16인치 풍선을 가로는 사진과 같이 자르고.. 주입구로 부터 양쪽 접혀져 있는쪽에 미세한 구멍을 만들어 놓는다.

12 13번에 미세한 구멍에 만들어 놓은 풍선인형의 팔에 끼우고.. 16인치 풍선 주입구를 벌려 머리를 통과시켜 윗옷을 입힌다.

 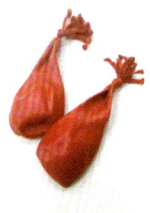  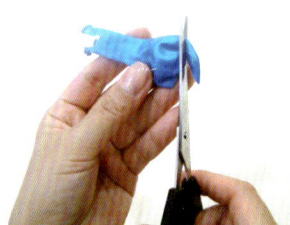

13 646 핑크색 요술풍선을 반을 나누어 주입구쪽으로 양쪽 팔에 끼워 테두리를 16인치 미세한 구멍안에 집어넣어 준뒤 화이트 요술풍선 자른 테두리를 팔에 끼워 고정시켜준다.

14 5인치 라운드 레드풍선을 주입구로 부터 1cm정도 세로로 자른뒤 묶어두고 라운드 끝부분을 미세하게 구멍을 만들어 준다.

15 인형 발에 14번에서 만든 신발을 끼워준다.

16 블루5인치 라운드 풍선을 주입구로 부터 세로로 약 1cm정도 자른뒤 묶어주고 라운드 부분을 직선으로 자른뒤 인형 머리에 씌어 주면 모자 완성

풍선공예 갤러리

Design

풍선공예 갤러리

Design

풍선공예 갤러리

Design

풍선공예 갤러리

Design

5. Helium 장식

1. 헬륨이란?
헬륨은 수소에 이어 두 번째로 가벼운 원소이다. 헬륨은 화학적으로 안정되어 다른 원소와 화합하지 않는다. 가벼우면서도 안정성이 있으므로 풍선을 공중에 띄울 때는 반드시 안전을 위해 헬륨가스를 사용하도록 한다. 그 이외에 용접용, 잠수용 원자로용, 연구용등으로도 사용되고 있다.

2. 헬륨의 역사
1896년 프랑스 장센이 인도에서 개기일식의 관측에서 태양 홍염의 스펙트럼속에 새로운 스펙트럼이 존재하는 것을 최초로 발견하였고, 이것을 영국의 N.로키어와 E.프랭클랜드가 태양의 의미하는 그리스어 헬리오스에서 헬륨이라고 이름을 붙였다.

3. 헬륨의 수입지
헬륨은 대기중에 미량이 함유되어 있다. 또한 천연가스 속에 메탄과 섞여 산출되는 일이 있는데 미국의 캘리포니아와 텍사스 그리고 캐나다 등에서 산출된다.

4. 헬륨 상식
① 인체에 해가 없는 것으로 알려져 있으나 사람마다 달라 폐에 들어가 치명적인 호흡곤란을 일으킬 수 있다.
② 무색, 무미, 무취, 불활성 가스이다.
③ 수소에 이어 두 번째로 가벼운 기체이다.
④ 밀도가 낮아 속도랑 반비례한다.
⑤ 공기 입자보다 헬륨의 입자가 작아서 체공시간이 짧다.
⑥ 온도에 민감하여 온도가 상승하면 팽창되고, 온도가 낮으면 부피가 줄어든다.
   (겨울철에는 최대한 크게 불어줘야 한다.)
⑦ 고도가 높으면 부력이 약해져 시간이 저하된다.
⑧ 섭씨54도(국내), 화씨130도(국외) 넘어가면 끓는다.

5. 헬륨통 (Helium Tank)
헬륨통은 회색이며, 밸브는 왼나사 방식(반시계 방향-왼쪽으로 돌려야 잠김)으로 되어 있다. 헬륨 용기는 주로 47L, 13.4L, 를 많이 사용한다.
헬륨 용기에는 헬륨가스를 고압으로 저장하기 때문에 파손되거나 깨지면 엄청난 속도의 추진력으로 튕겨나가게 된다. 하지만 주의사항을 잘 지켜 사용한다면 안전하게 사용할 수 있다.

6. 헬륨의 부자재

1. 레귤레이터(헬륨조절밸브)
헬륨통에 연결하여 사용하는 것으로 가스의 압력을 조절하거나 남아있는 가스의 양을 확인할 수 있다.

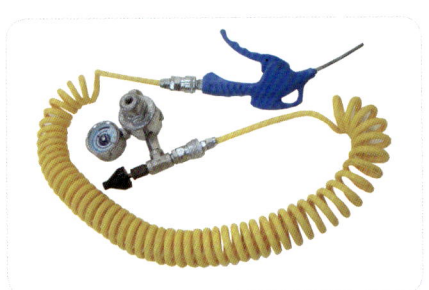 

2. 하이플로트 (Hi-Float)
내부코팅제로서 장식의 효과를 높이기 위해 혹은 장식시간이나 비용의 절감을 위해 체공시간을 최대한 늘려야 할 경우에 장식시간 전에 사용한다.

풍선 표면에 가스가 새어나가지 않도록 풍선 내부에 얇은 코팅 막을 만들어주며 헬륨 풍선의 체공시간을 연장시켜준다.

7. 최대 체공시간을 얻기 위한 방법

헬륨만을 사용할 경우보다 Super Hi-Float을 사용할 경우 최대 10배 그리고 Ultra Hi-Float을 사용하면 최대 25배 정도의 체공시간을 늘릴 수 있다. 겨울철과 같은 저습한 계절에는 그 효과가 최대에 도달한다. 고온 다습한 여름철에는 겨울철에 비해 그 효과가 반으로 감소된다.

1)풍선을 충분한 크기로 불어준다. 헬륨을 주입했을 때 풍선의 크기가 충분히 크지 않다면 풍선이 한쪽으로 기울어지거나 완전히 뜨지 못하게 된다. 그러나 처음 헬륨을 충전했을 때 풍선이 높이 뜨지 않는 것은 정상적이다. 그러나 수 시간 후 코팅제가 건조하게 되면 부력도 커지게 된다.

2)Hi-Float를 처리한 풍선의 적정온도는 72-80°F 더운 날씨에는 최초 수 시간 동안은 에어컨디션 하에 풍선을 보관을 해야 빨리 건조될 수 있다. 추운 날씨에는 최초 수 시간 동안은 따뜻한 곳에 보관을 해야 한다.
Hi-Float는 마르기 전까지 헬륨보존력을 발휘하지 않는다.

3)비가 오는 날씨에는 Hi-Float 처리한 풍선을 히터나 에어컨디션 하에서 작업해야 한다. 다습한 곳에서 풍선을 불면 체공효과가 현저히 감소하기 때문에 제습기를 사용하면 이 문제를 해결할 수 있다.

4) 펄이나 메탈 톤의 풍선은 일반 풍선에 비해 체공시간이 약 1/3 감소한다. 최대 체공시간을 원한다면 가능한 펄 혹은 메탈색상 풍선의 사용을 피한다. 또한 하트풍선, 지오 꽃풍선과 지오 도우넛 풍선도 일반풍선보다 체공효과가 떨어진다.

> **TIP** 체공시간을 늘이기 위해 주의할 사항
>
> 헬륨실린더가 거의 비워진 상태에서 불린 풍선은 완전히 채워진 실린더로 불려진 풍선보다 체공시간이 짧다.

8. 헬륨 사용 시 주의할 사항

1) 헬륨을 넣은 풍선에 금속성 리본을 달지 않는다.
2) 헬륨을 넣은 풍선은 각각의 무게 추를 달아 고정한다.
3) 헬륨을 넣은 은박풍선은 다른 풍선과 함께 묶거나 클러스터로 사용하지 않는다.
4) 헬륨을 넣은 은박 풍선은 헬륨 릴리즈를 하지 않는다.
   - 호일풍선은 전도성이 있어 전선에 닿을 경우 합선을 일으키게 된다.
5) 헬륨탱크는 반드시 벽이나 안전한 받침대에 고정시켜 세워서 사용한다.
6) 운반할 때는 안전캡을 씌우고 반드시 전용 카트를 사용한다.
7) 섭씨 54.5도 이상의 고온이나 직사광선 아래에서 보관하지 않는다.
8) 사용하지 않을 때는 먼저 밸브를 잠그고 가스의 잔량을 모두 뺀다.

> **TIP** 헬륨사고 주의하세요
>
> · 2004년 광고 애드벌룬에서 아이들의 장난으로 폭발한 사례가 있다. 헬륨을 넣어야 했지만 저렴한 수소를 넣어 폭발한 경우이다.
> · 지하철의 전선은 피복선이 입혀 있지 않아 금속 물질인 호일 풍선이 닿으면 합선이 된다.

9. 헬륨으로 할 수 있는 장식

1) 헬륨 캐노피(Helium Canopy)
   둥근 덮개모양의 풍선지붕을 말하며, 여러 개의 펄 아치를 일정한 간격으로 연결해 만든 헬륨조형물이다. 캐노피의 헬륨풍선의 부력은 상당하므로 견고한 플레이트를 사용했다하더라도 기둥벽, 천정등에 고정시켜 주는 것이 안전하다.

2) 헬륨 릴리즈
   벌룬 프로라는 그물 안에 헬륨을 넣은 풍선을 한꺼번에 하늘로 날려 시각적인 효과를 얻음으로 주로 행사의 개·폐회식에 많이 사용한다.
   벌룬 드롭 - 헬륨 릴리즈와 반대로 풍선 안에 일반 공기나 공기보다 무거운 질소를 넣어 풍선을 아래로 떨어뜨리는 기법으로 헬륨을 넣어 드롭 연출 가능

3) 헬륨부케(Helium Buquet)

   헬륨풍선을 여러 개 불어 부케를 만들어 낸 것으로 테이블 센터피스나 벌룬 딜리버리 등에 많이 사용.

TIP 센터피스 작업 시 유의 사항

센터피스란? 주로 행사장이나 리셉션장 등의 테이블 중앙을 장식하는 것으로 풍선장식에서는 주로 헬륨을 이용하고 그 이외에도 토피어리 장식이나 다른 여러가지 소품을 이용해 응용할 수도 있다.

1) 센터피스는 모든 각도에서 보여진다는 사실을 염두에 두어야 한다.
2) 테이블 형태에 따라 디자인의 윤곽을 결정해야 한다. 원형 테이블에는 원형 디자인, 타원형 테이블에는 타원형디자인을 선택한다.
3) 이동과 운반이 용이하도록 고려한다.
4) 테이블 표면에서부터 오브제의 크기가 35cm이하 이여야 하며 헬륨을 띄운 풍선의 높이가 61cm이상 이여야 한다. 행사장의 전경 또는 상대방의 시선을 방해하지 않아야 하기 때문이다.
5) 센터피스 자체와 그 부속물을 포함하여 시각적 균형을 위해 테이블 크기의 1/5이상을 차지 않도록 한다.
6) 테이블 중심에 설치되는 것이므로 디자인은 통일되게 한가지만 사용한다.
7) 헬륨풍선을 사용할 경우 큰 테이블이거나 장소의 천정이 높은 경우에는 높은 높이로도 배치할 수 있는 장점이 있다.
8) 헬륨풍선을 사용할 경우 무게 추(소품, 물 풍선, 마운트 등)를 사용한다.

4) 환타지 클라우드(Fantasy cloud)

   40라운드(16인치) 이상의 헬륨을 넣은 풍선 안에 더블버블이나 검 볼 기법을 이용하여 주입구에 4클러스터로 엮어주고 컬링 리본으로 길게 늘어뜨린 것(컬링 리본끝에는 무게 추를 달아줌)으로 무대장식, 입구장식, 웨딩장식 등에 많이 사용.

5) 스트링 오브 펄 아치 String Of Pearl Arch (S.O.P = 헬륨아치)

   낚시줄에 직접 묶어주는 방법으로 일정한 간격으로 헬륨풍선을 달아 아치 형태를 만드는 것이다. 단일 풍선의 사이즈와 공간을 통일시키는 것이 전문적인 외형의 펄 아치를 만드는데 핵심이다.

Design

헬륨장식
갤러리

Design

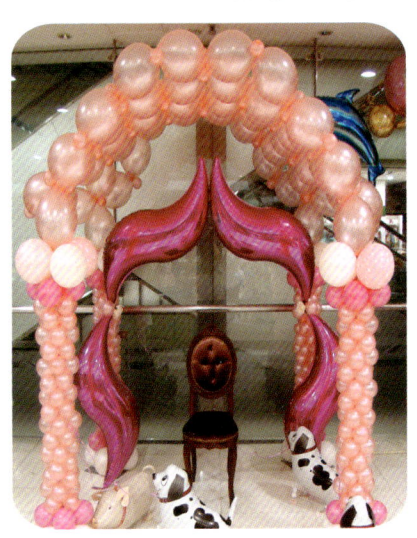

6. 돌장식

소중한 아이의 첫 생일!!
정성이 가득한 스타일링으로 돌장식 의뢰양식과 체크리스트로 꼼꼼하게 준비 하세요.

돌장식 의뢰서

작성일: 년   월   일

행사일,시		장 소	
엄마이름	아빠이름	아기이름 (성별)	진짜생일 (양,음력)
연락처		메일주소	
돌잔치의상		주 소	
스냅	사회자:	이벤트유무:	
원하는 돌잡이용품			
총 행사금액		계약금:	잔금:
풍선스타일			
돌상스타일			
진행사항			
기타			

*종교체크-돌상 차리는 건 시간 싸움인데 가끔 기독교인 맘들은 행사 1시간 전에 예배를 보시기 때문에 체크하셔서 돌상이 그전에 세팅되야 하기 때문에 체크하면 좋아요.

돌상체크리스트

년   월   일 아기이름(   )

물 품	수 량	비 고
떡접시	4개	무지개떡, 꿀떡 오색경단(수수팥떡 포함), 인절미
케익 접시	1개	
2단 케익 모형	1개	
과일바구니	5개	계절과일과 열대 과일
모조과일	다수	사과, 배, 열대 과일류
돌잡이용 쟁반	1개	
돌잡이 용품	셋트	청진기 또는 주사기, 실, 연필, 골프공, 마이크, 마우스, 쌀
데코레이션	2개	
꽃꽂이용 화병	2개	
떡 포장 박스		고객이 원하는 수량에 맞추어서
과일 포장해줄 바구니 또는 박스	2개	
위생장갑과 위생백	1묶음씩	
돌잡이 이벤트 보드	1개	
이벤트 번호표	(초대손님)	
덕담보드	1개	
현수막	1개	
사진보드	1개	
족자봉	1개	
실물 스텐딩보드	1개	
답례품	(초대손님)	
답례품 스티커	(초대손님)	

돌장식 갤러리

DeSign

돌장식
갤러리

Design

돌장식 갤러리

DeSign

Design

돌장식 갤러리

Design

ABPN을 찾은 당신은 이미 프로입니다.

Chapter 5

전문가를 위한 메뉴얼

1. 풍선의 전문용어
2. 색채이미지
3. 풍선칼라 메뉴얼
4. 전문가 과정 기출문제

Chapter 05 전문가를 위한 메뉴얼

1. 풍선의 전문용어

검 볼	투명풍선 속에 조그만 풍선을 매듭 묶은 후 여러 개를 넣은 기법
더블 스파이럴	보통의 스파이럴 가랜드와 달리 2클러스터를 사용해 스파이럴을 엮어나가는 것
듀플릿(페어)	똑같은 크기에 두개의 라운드 풍선을 동시에 최대한 틈이 없이 묶어주는 것
디스크	헬륨풍선을 빠르게 묶기 위한 동그란 모양의 플라스틱 디스크
라이너 피트	아치를 만들 때 가랜드의 총 길이
라텍스	풍선의 원료가 되는 고무
레귤레이터 (regulator)	헬륨통에 연결하여 사용하는 것으로 가스의 압력을 조절하거나 남아있는 가스의 양을 확인할 수 있는 장비
메탈릭 칼라	표면이 은색과 금색으로 금속느낌이 나도록 처리한 칼라
마운트	풍선을 벽에 부착할 때 쓰이는 부자재로 고리형과 사각 마운트가 있다.
벌룬 딜리버리	풍선을 배달해주는 서비스로 생일, 출산, 프로포즈, 발렌타인, 병문안등에 많이 찾는 장식이다.
벌룬릴리즈 (balloon release)	다량의 헬륨풍선을 풍선 백이나 풍선박스에 모아 두었다가 일시에 하늘로 날아 올리는 기술, 대형행사의 개막식 등에 주로 사용
벌룬 네트망	벌룬 릴리즈나 벌룬 드롭 대형조형물 만들 때 사용하는 네트망
벌룬 스터퍼 (balloon stuffer)	지피 랩과 비슷한 용도의 장비로 풍선 속에 좀 더 큰 인형이나 선물 등을 보다 쉽게 넣고 장식 할 수 있는 장비
벌룬 아티스트 (balloon artist)	풍선예술 부분의 기술과 컨셉을 가진 사람
벌룬 인 더 박스 (balloon in the box)	박스를 열 때 풍선이 튀어나오게 만든 일종의 선물포장 박스. 박스 외면은 리본이나 꽃으로 아름답게 장식됨

벌룬 트위스티 스컬쳐	요술풍선을 이용해 동물모양이나 기타 다른 모양을 만드는 것
벌룬드롭 (balloon drop)	일정 시각에 천정이나 공중에 매달린 풍선 백 안에 많은 풍선을 불어 넣어 일시에 바닥으로 떨어뜨리는 행사
벌룬스컬쳐 (balloon sculpture)	풍선을 이용해 각종 대형 조형물을 만드는 것. 각종 캐릭터나 원하는 모양을 프레임(구조물)을 사용해 만든다.
벌룬 실드 (벌룬샤인)	풍선 외부에 바르는 코팅제로, 풍선의 광택을 유지시켜주며 산화예방 방지에도 도움을 준다.
부력	풍선에 헬륨을 넣었을 때 떠올릴 수 있는 무게
사과 풍선(321)벌룬	사과, 벌 모양을 만들기 위해 제작된 풍선
산화	열이나 직사광선, 습기 등에 의해 풍선 겉 표면이 뿌옇게 변화되는 현상
센터피스 (테이블중앙장식)	테이블 중앙에 놓인 장식으로 그 크기는 파티에 참석하여 마주보고 있는 사람들의 시선이나 대화를 방해하지 않도록 14인치 이하로 만들며 헬륨풍선을 연결하여 어렌지먼트 할 경우에는 61cm이상 띄어 놓아야 함
스웨그(곡선가랜드)	2~3개의 곡선으로 만든 천장에 매달린 가랜드
스 템	어렌지먼트 할 때 사용하는 제품으로 풍선을 끼워 사용한다.
스퀘어 팩(사각쌓기)	8인치 7인치 8인치 7인치 형식으로 4클러스터의 크기를 달리하여 엮은 가랜드. 완성되면 사각기둥처럼 표현
스파이럴 아치 (나선형 아치)	클러스터를 엮어나갈 때 나선형으로 줄무늬가 만들어진 아치
실린더 브리켓 (헬륨탱크 고정대)	헬륨탱크를 넘어지지 않도록 받쳐놓은 고정 거치대.
실링기(히트실러)	알루미늄 은박풍선을 불어 접착할 때 사용하는 열 접착기
아치(arch)	나선형의 프레임에 풍선을 엮어 쌓은 조형물
알루미늄로드	속이 차있는 알루미늄 봉이며 주로 여러 가지 구조물의 뼈대를 만드는데 사용
알루미늄파이프	속이 뚫려있는 알루미늄으로 풍선의 지지대나 구조적인 주 뼈대를 만드는데 사용
어랜지먼트	풍선과 부자재로 만든 조형물로 시각적인 즐거움을 주는 장식

이중풍선(트윈벌룬)/겹풍선	조그만 풍선을 큰 투명 풍선 안에 넣어 주입구를 함께 묶어 놓은 것
260벌룬	요술풍선을 의미하며, 260은 불었을 때 두께가 5cm(2인치), 길이가 (150cm)60인치를 말한다.
인플레이터(air-inflator)	풍선을 불기 위한 전기 공기펌프
자동실링밸브	18인치 이상의 알루미늄 호일 풍선은 헬륨이나 공기를 주입하고는 따로 묶거나 실링 할 필요 없이 자동으로 실링됨
쥬얼톤/크리스탈(보석톤 칼라)	불었을 때 속이 훤히 비쳐 보이는 풍선 칼라 톤
체공시간	헬륨풍선이 공중에 떠 있는 시간
칼럼(colimn)기둥	풍선 묶음을 수직으로 계속 엮어 나간 것
캐디(caddy)소품통	헬륨가스통에 매달아 사용하는 액세서리 통. 풍선이나 헬륨 장비 소품 등을 넣어 두고 쓰기에 편리
지피랩 (Jiffy Wrap)	풍선 속에 사탕이나 인형 등을 넣는 장비로 3종류의 크기가 있다.
커스텀 임프린트(인쇄풍선)	고객의 사업로고나 메시지 등을 풍선에 인쇄해 놓은 것
컬링 리본	헬륨풍선을 메다 는 긴 줄, 각양각색의 리본 줄이 있으며, 끝을 말아 올릴 수 있어 장식 효과를 더욱 낼 수 있음
클러스터(묶음)	풍선장식을 위해 낱개의 풍선을 3, 4, 5개 등으로 묶어 놓은 것
클립	풍선을 불어 묶기 위한 클립. 많은 양의 풍선을 빠르게 묶을 수 있는 부속품
탬플릿(사이즈기)	풍선을 같은 크기로 불어내기 위해 만든 사이즈 박스. 두꺼운 종이나 합판 등에 구멍을 뚫어 사용하기도 함.
폴 대	풍선 아치를 쉽게 설치할 수 있도록 스틱으로 총길이는6m로 제작되었으며 연결부위를 절연테이프로 고정시킨다.
패션칼라(파스텔 톤)	핑크, 아이보리, 라일락, 틸, 피치 등 파스텔 색상 계열의 풍선
패킹(아치엮기)	아치를 만들 때 낚시줄에 클러스터를 엮는 기술. 가장 기본적인 기술
펄 톤칼라	펄 분을 섞어 반짝 반짝하게 윤기가 나도록 제조한 풍선의 칼라

피싱 웨이트 (무게 추)	풍선부케 등 헬륨풍선을 고정시키기 위한 추
하이플로트 (내부코팅제)	무독성 액체코팅제로 풍선 내부에 넣어 장기간 풍선을 떠 있도록 하는 물질
핸드펌프(손펌프)	손으로 간단히 풍선을 불 수 있도록 만든 펌프
행잉	천정에 매달아 놓은 형태의 모든 장식 가랜드를 말함
헬륨게이지	헬륨탱크의 잔량을 나타내는 게이지
헬륨부케	헬륨풍선을 여러 개 불어 부케를 만들어 낸 것
호일 부케 (알루미늄 풍선 부케)	알루미늄 은박풍선으로 만든 풍선부케
호일 풍선 (알루미늄 풍선)	알루미늄으로 만든 은박 풍선
패들 (40인치) 벌룬	애드벌룬 효과를 내기 위한 대형풍선
PVC파이프	풍선조형물을 만들 때 쓰이는 플라스틱 파이프
SDS패널 (Skistimas Design System)	가로 60cm, 세로 120cm크기의 철망으로 각 구멍에 풍선을 끼워 넣어 사용토록 되어 있는 패널이며 주로 무대의 벽 장식으로 많이 쓰인다.
RMS (Rouse Matriy System)	얇은 플라스틱 재질로 되어있으며 다양한 모양의 많은 종류가 보급되어 있어 장식하기에 편리하다.
MADS (Magic Ace Balloon Design System)	조립형태로 스틱과 볼로 구성되어 있으며 직선 뿐 아니라 곡선 형태로도 모양을 연출할 수 있어 다양한 구조물을 만들기에 간편하다.
Mural(벽화)	Garlands를 여러 개 만들어 함께 붙여 무대 등의 벽을 만들어 활용하는 장식

2. 색채이미지

모든 디자인 요소 중에서 가장 기본적인 것이 바로 색채라고 할 수 있다. 위대한 예술품을 창조하는 데 있어서 색채가 필수적인 것은 아니지만 색채는 예술품에 다른 방법으로 얻을 수 없는 독특한 분위기를 만들어 주는 요인으로 풍선장식을 고급화하는데 있어 색채를 이해하는데 도움이 되길 바란다.

🍎 색상에 따른 이미지

채도가 높은 순색에 있어서 각 색상들은 매우 다른 이미지를 가지고 있다. 그것은 우리가 살고 있는 환경과 자연 속에서 경험하면서 얻어진 결과이다. 따라서 한 문화권 내에서 함께 생활해 온 사람들에게 통용되는 색채의 의미가 존재하게 되고 공유할 수 있는 색채 이미지가 형성된다.

발췌/박영순 · 이현주 저『색채와 디자인』(교문사)

🍎 색채의 이미지

색채를 지각하는 마지막 과정인 대뇌에는 이전의 경험들이 입력되어 있어서 연상과정을 통해 마음속에 그려지는 독특한 이미지를 갖게 되며 다양한 감흥을 불러 일으키게 되는 것이다.

색채가 지닌 색상, 명도 채도의 특성에 따라 그려지는 이러한 감정적인 반응은 매우 미묘한 차이를 나타내며 자극적인, 고요한, 부드러운, 명랑한, 강한, 우울한 등의 이미지로 다양하게 나타난다.

이미지는 우리의 내부에 그려진 심상이다. 즉 이미지는 마음속에 그려지는 것이다. 이미지는 매우 중요한 감각적 요소이면서도 명확하거나 구체적인 것은 아니며, 다양한 이미지에 대한 체계는 지식보다는 경험을 통해 습득되는 특성을 지닌다. 디자인에 있어서 이미지의 문제는 점차 그 중요성을 더 해 가고 있다. 색채에 있어서는 색상과 톤에 따라 그리고 배색효과에 따라 강렬하거나 온화한, 수수하거나 화려한 등의 다양한 이미지를 지니게 된다.

🍎 색상에 따른 이미지

1) 빨 강

빨강은 자극적이며 감정을 고조 시킨다. 빨간색은 불이나 피를 연상시키므로 열정과 정열을 상징한다. 또한 불을 연상 하므로 위험 이나 경고의 의미도 지닌다. 명도가 높아지고 색조가 약해지면 분홍계열이 되는데 이 때는 본래의 강렬한 이미지로 부터 아주 다른 부드럽고 여성스러운 이미지를 갖게 된다.

2) 주 황

주황은 2차색 으로 인접한 빨강과 노랑의 속성을 공유 하면서 주황색 고유의 의미 지를 지닌다. 주황은 매우 따뜻하고 활 기찬 느낌을 준다. 주황의 색조가 약해 지면서 밝아 지면 기분 좋게 느껴지는 다 양한 배이지 색이 되고 어두워지면 다양한 갈색이 되는데 이러한 색조는 따뜻하고 풍부한 자연적인 이미지를 갖게 된다.

3) 노 랑

노랑은 명랑하고 힘찬 느낌을 주며 가득한 햇살을 연상 시킴으로 서 행복을 상징 한다. 또 즐거움, 역동성, 생동감등의 이미지를 지닌다. 노란색이 밝아질 때는 순색의 이미지를 유지 하지만 어두워지면 쉽게 순색의 이지를 잃게 된다. 연두색 계열의 연한 노랑은 창백하고 약한 느낌을 주기도 한다.

4) 초 록

초록은 자연에서 가장 흔히 볼 수 있는 색이다. 초록은 매우 자연스러운 색이며 파란색의 고요함 과 노란색의 에너지가 합쳐져 있어 중성적인 느낌을 준다. 그러나 초록은 많이 사용하면 지루해 지기 쉽다. 초록색이 어두워지면 엄숙 함과 엄격함의 느낌을 증가 시킨다.

5) 파 랑

파랑은 자연에서 가장 큰 부 분을 차지하는 하늘과 바다의 색으로 차가운 색이다. 파랑은 고요하고 명상에 잠기게 하는 색이다. 또 평온한 느낌을 주며 밝은 파랑은 개방 감과 활기를 느끼게 하지만 남색 계열의 어두운 파랑은 무겁고 침체된 느낌을 준다.

6) 보 라

보라는 빨강과 파랑이 혼합된 색으로 우아함, 화려함, 풍부함 등을 느끼게 한다. 또 고상함과 함께 외로움과 슬픔을 느끼게 도 한다. 푸른색 계열의 보라는 어둡고 깊은 이미지를 지니며, 위엄과 부, 장엄함 등을 연상시킨다. 빨강계열의 보라는 여성적이며 화려한 느낌을 주지만 다른 색상과 어울리기 힘든 까다로움을 지닌다. 보라색은 예민함 감수성, 예술적 감각을 나타내기도 한다.

7) 갈 색

갈색은 두 가지의 보색이 혼합될 때 만들어지는 다양한 톤의 중성 색이다 흙,낙엽,목재 등에서 자 주 발견되는 색으로 자연적이고 평온한 느낌을 준다. 또 오래도록 싫증나지 않는 느낌이다. 엷은 색조 위 갈색은 부담스럽지 않은 밝은 느낌을 주고 어두운 갈색은 따뜻하고 편안한 느낌은 주나 지나치게 사용하면 단조로움을 준다.

8) 흰 색

흰색은 색이 없는 무색이라고 표현되기도 하나 실제로는 모든 색의 혼합이라고 볼 수 있다. 흰색은 단순함, 순수함, 깨끗함 을 느끼게 한다. 따라서 위생적인 느낌을 주기도 하며 지나치게 사용되면 공허함, 지루함을 느끼게도 한다. 약간의 다른 색채가 혼합되어 있는 흰색은 오프화이트 (off-white)라고 부르며, 따뜻한 느낌과, 차가운 느낌의 흰색이 있다.

9) 검 정

검정색은 흰색과 반대로 아무런 색 파장도 반사하지 않는 색이다. 따라서 무겁고 어둡고 우울 한 느낌, 또 두려움과 죽음을 나타내기도 한다. 검정은 모든 빛을 흡수하기 때문에 복합적이고 깊은 느낌을 준다. 검정색이 유채색들 사이에 사용되면 다른 색들을 더 선명하게 보이도록 하는 효과가 있다. 검정색에도 따뜻한 느낌과, 차가운 느낌의 검정이 있다.

🍎 톤에 따른 이미지

순수한 색상은 흰색, 검정색, 회색, 반대색,등이 혼합됨에 따라 다양한 채도를 지닌 색으로 변화된다. 이렇게 변화 된 색조를 톤(tone) 또는 뉘앙스(nuance) 라고 한다. 색채의 채도가 낮아지면 순색이 본래 지니고 있던 이미 지는 변화되며, 그 위치가 순색에서 멀어질수록 색상의 이미지는 사라지고 톤의 이미지가 압도하게 된다. 각 톤에 따른 이미지는 아래와 같다.

1) 화려한 톤

순색과 순색에 가까운 강한 톤은 모두 축제와 같은 화려한 이미지를 갖는다. 화려한 톤에 흰색이 약간 첨가되면 즐겁고 명랑한 느낌을 주며 어린이와 같은 천진한 느낌이나 원초적인 이미지를 준다. 화려한 톤은 활동적이고 강렬한 이미지를 갖기 때문에 스포츠 용품, 유원지, 놀이 기구, 완구 등에 많이 사용된다. 또한 가시성이 뛰어나기 때문에 옥외 간판, 사인 물, 포장디자인, 문구 류 에 효과적으로 사용된다. 그리고 색채 자체가 강렬하여 형태나 질감과 같은 다른 디자인 요소를 약화시키므로 섬세한 특징을 나타낼 때 화려한 톤을 사용하는 것은 바람직하지 못하다.

화려한 톤의 문구   화려한 톤의 색채 팔레트

2) 차분한 톤

밝은 회색이나 중간 회색과 혼합된 흐릿하고 탁한 색들은 그 색상을 규정짓기 어려운 중성화된 색들로 차분한 이미지를 갖는다. 차분한 톤은 자연의 소재에서 흔히 발견되는 그을린 피부, 마른 볏짚, 구운 토기, 갓 구워낸 빵의 껍질 등 햇빛과 관련된 연상을 불러 일으키므로 따뜻하고 온화 하고 편안하고 친근감이 있다. 또한 순색이 지닌 강렬함이 중화되었기 때문에 수수하고, 소박 하며 안정감 있는 이미지를 갖는다. 차분한 톤은 또한 안개 낀 느낌이나 구름이 낀듯한 느낌을 주 기 때문에 명시 성이나 선명함이 요구되는 경우에는 바람직하지 못하며 실내의 배경색, 일상적인 용품, 편안함이 요구되는 환경 등에 사용되면 친근한 느낌을 주는 효과가 있다.

차분한 톤의 실내   차분한 톤의 색채 팔레트

3) 밝은 톤

순색에 흰색이 많이 첨가된 연한 색, 파스텔 조, 가벼운 색 등은 밝은 이미지를 준다. 밝은 톤은 여 성적이고 부드러움을 주며 섬세한 느낌을 준다. 특히 난색의 가벼운 톤은 달콤하고 꿈 같은 낭만 적인 이미지를 지닌다. 따라서 내의, 화장품, 잠옷, 유아용품, 어린이를 위한 환경 등에 밝은 톤이 많이 사용된다. 또한 달콤하고 감미로운 이미지를 지니므로 아이스크림, 솜사탕, 과자와 같은 기호품의 맛을 돋우어주는 역할을 한다. 밝은 톤은 작고 가벼운 물체에 사용될 때 효과 과 크며 무겁고 거대한 물체에는 자연스럽지 못한 느낌을 준다. 그러나 환상적인 분위기나 신비함을 이끌어내 기 위해 거대한 환경에 계획적으로 밝은 톤을 사용할 수도 있다.

밝은 톤의 놀이환경   밝은 톤의 색채 팔레트

4) 어두운 톤

검정이나 짙은 회색이 혼합된 어두운 톤은 무겁고 엄숙하며, 남성적이고, 성숙한 이미지를 갖는 다. 따라서 깊은, 신중한, 사려 깊은, 중후한 느낌을 주기도 한다. 어두운 톤은 가죽이나 목재에 서 그 풍부함이나 충실 감이 잘 느껴진다. 또 크고, 무겁고, 단단하거나 딱딱한 물체에 사용되었을 때 자연스럽게 느껴지는 효과가 있다. 검정에 가까운 어두운 톤은 어두우면서도 색조를 느끼게 하는 정취 감이 있다. 이러한 색조를 잘 활용하게 되면 어두운 톤은 멋진, 세련된, 격조 있는, 치밀 한 등의 느낌을 주기도 한다. 어두운 톤은 색상을 느끼기 어렵기 때문에 어느 정도 명도대비가 필요하다.

 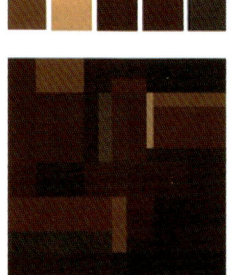

어두운 톤의 문구   어두운 톤의 색채 팔레트

5) 무채색 톤

무채색인 흰색과 검정색이 혼합되면 다양한 톤의 회색이 전개된다. 이 톤들은 밝은, 중간, 어두운 회색으로 나누어진다. 회색 톤은 전체적으로 무겁고 차가운 느낌을 주지만, 자연에서 발견되는 회색 톤에는 따뜻함을 느끼게 하는 경우도 많이 있다. 회색 톤에는 색상이 없기 때문에 명암의 정 도가 두드러지게 나타난다. 흰색과 검정색과 같이 명암의 대비가 현저할 경우에는 날카롭고 강렬 하고 명확한 이미지를 느끼게 한다. 검정색은 모든 색 파장을 흡수하기 때문에 풍부한, 호화로운, 정식적인 이미지를 나타내기도 한다.

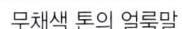

무채색 톤의 얼룩말　　무채색 톤의 색채 팔레트

🍎 배색에 따른 이미지

단일한 색채는 각기 다른 이미지를 갖고 있지만 우리가 접하게 되는 시각대상은 일반적으로 여러 가지 색채가 어우러져서 특정한 이미지를 나타내는 경우가 대부분이다. 따라서 배색의 효과 를 이용해서 이미지를 나타내는 방법도 다양하다. 아래의 예들은 실내 디자인에서 흔히 분류되는 고전적인 느낌을 연상시키는 클래식한 이미지, 엘리건트한, 로맨틱한 이미지와 현대적인 느낌을 연상시키는 모던한, 캐주얼 한, 내추럴한 이미지를 살펴보고 여기 에 사용된 색채 팔레트을 분석하고 이를 다시 색면 구성으로 표현해 보았다.

1) 클래식한 이미지의 배색

클래식에서 추구한 이미지는 규범적이고 풍요로움 속에서도 절제된 미의 표현이었다. 이를 색채로 표현하는 방법은 어둡고 무거운 톤과 화려한 톤의 다양한 색채들로 보색대비를 이루 어 절제된 가운데 풍부함을 나타내는 배색이다. 이러한 배색에 금색과 광택이 있는 질감을 더한 다면 풍요로웠던 시대의 특권 계층 사람들의 격조 있는 분위기를 연상시킨다.

클래식한 이미지의 실내　　클래식한 이미지의 배색 팔레트

2) 엘리건트한 이미지의 배색

엘리건트한 이미지는 우하함이다. 이는 차분한 톤의 주조색과 약간 어두운 톤의 보조 색 배색을 사용하면 효과적이다. 섬세한 느낌을 주기 위해서는 부드러운 민트 그린, 회색이 낀 보라, 밝으면 서 채도가 낮은 노란색 등의 주조 색이 효과적이다. 그림 2 는 밝은 보라색 계열과 저채도 중명도 의 주황색, 저 채도 고명도의 파란색이 부드러운 조화를 보여주면서 엘리건트한 이미지를 잘 나 타내고 있다.

엘리건트한 이미지의 배색   엘리건트한 이미지의 배색 팔레트

3) 로맨틱한 이미지의 배색

로맨틱한 이미지의 형태적 특성은 곡선이며, 레이스나 리본 등 매우 여성적인 감성으로 표현된다. 로맨틱한 이미지를 색채로 나타내기 위한 한 방법은 다양한 밝은 톤을 주조 색으로 하고, 차분한 톤을 보조 색으로 하는 배색이다. 밝은 톤의 색상은 난색계열이든 한색계열이든 다양하게 사용해 도 좋지만 차분한 톤은 따뜻한 색조를 사용하는 것이 부드럽고 여성적인 이미지를 나타내는 데 효과적이다.

로맨틱한 이미지의 배색   로맨틱한 이미지의 배색 팔레트

4) 모던한 이미지의 배색

모더니즘의 형태적 표현은 수직, 수평선의 기하학적인 곡선, 원 등으로 나타난다. 재료적인 특성 은 회색의 콘크리트, 유리, 금속, 플라스틱 등이고 목재는 성형 합판의 기계적인 공정을 느끼게 하는 질감으로 나타난다. 모던한 이미지를 색채로 나타내는 한 방법은 단순한 느낌의 흰색과 검정색, 그리고 회색과 단순한 강조색으로 빨강이나 파랑 등의 순색을 사용하는 배색이다.

모던한 이미지의 실내   모던한 이미지의 배색 팔레트

5) 캐주얼 한 이미지의 배색

캐주얼 한 이미지는 현대인의 자유로운 생활과 결부된다. 격식과 제약에서 벗어난 자유로움, 생동 감, 역동성, 복잡성 등이 캐주얼 한 이미지의 대표적이 특성이다. 형태적인 표현도 비대칭, 다양성, 변화, 직선과 곡선 등이 혼재된 복합성 등으로 나타난다. 이를 색채로 표현하는 한 방법은 강렬하고 화려한 톤의 다양한 색상과 밝은 톤을 사용하여 억제 된 느낌이 없이 자유롭게 표현한 배색이다.

캐주얼한 이미지의 배색   캐주얼한 이미지의 배색 팔레트

6) 내추럴한 이미지의 배색

내추럴한 이미지는 전원적인 이미지이다. 형태적인 특징은 특별한 장식이나 꾸밈없이 자연스러운 모습 그대로의 직선이나 부드러운 곡선 등으로 나타난다. 이를 색채로 표현하는 한 방법은 자연적인 소재가 지닌 차분하고 수수한 톤의 배색이다. 색상에 있어서는 중성화된 다양한 갈색들로 표현될 수 있으며, 여기에 흰색이나 검정색, 회색 등으로 변화를 주면, 자연적인 이미지가 더욱 풍부한 느낌을 줄 수 있다.

내추럴한 이미지의 배색   내추럴한 이미지의 배색 팔레트

🍎 색의 분류

1) 무채색

흰색과 여러 층의 회색 및 검정색에 속하는(채도가 없는 계열의 색)것으로, 무채색의 구별은 밝고 어두운 정도의 차이(명도)로만 되는 것이다. 색상, 채도의 속성은 없는 것이다. 반사율이 약 85%인 경우가 흰색이고, 약30% 정도면 회색, 약 3%정도는 검정색이다.

2) 유채색

순수한 무채색을 제외한 모든 색, 즉, 빨강, 주황, 노랑, 녹색, 파랑, 보라 등과 그 외 그사이의 색은 물론 이상의 색감을 조금이라도 가지고 있으면 모두 유채색이다. 유채색이란 채도가 있는 색이라는 뜻이고, 무채색이란 채도 없는 색이 라는 뜻이다. 무채색은 명도만 가지고 있고 유채색은 색상, 명도, 채도의 3속성을 모두 가지고 있다.

3) 원색
다른색을 섞어서 만들 수 없는 색

색의 3속성

우리가 색채를 보고 느끼는 요인에는 세 가지가 있다. 그 하나는 빛의 파장 자체를 나타내는 것으로 색상(Hue) 요인이고, 두 번째는 밝고 어두운 정도를 나타내는 명도(Value), 세 번째는 색 파장의 순수한 정도를 나타내는 채도(Saturation)요인이다.
이는 어떤 색상을 지각할 때 항상 이 세 가지 요인을 함께 느낀다.

1) 색상(Hue)
색상은 물체의 표면에서 선택적으로 반사되는 색 파장의 종류에 의해 결정되며 빨강,주황, 노랑, 초록, 파랑, 보라 등으로 구분된다. 색상은 순수한 색일수록 현저하게 드러나므로 지각하기가 쉽다. 그러나 여러 가지 색이 혼합된 경우에는 색상이 강하게 드러나지 않아 지각하기가 쉽지 않지만, 무채색인 흰색, 검정색, 회색을 제외한 모든 색은 순색이 지닌 색상을 조금이라도 지니고 있다. 빛의 스펙트럼에서 뚜렷하게 구분되는 색상은 빨강, 주황, 노랑, 초록, 파랑, 보라 등의 기본색상이지만 각 색상의 사이에는 점진적으로 변화되는 무수한 색상이 존재한다.
섬세한 색채작업을 위해서는 100가지 이상의 색상으로 구분해 볼 수도 있지만, 여러 가지 색 체계에서 일반적으로 통용되는 색상의 수는 대략 40가지 정도이다. 스펙트럼으로부터 전개된 많은 색상들의 위치와 변화를 쉽게 이해할 수 있도록 하기 위해 서로 인접 하도록 둥근 고리의 형태로 배치한 것을 색상환이라고 부른다.
● 유사색 : 색상환에서 가까운 거리에 있는 색들을 말하며 색상 차 가 적다.
● 보　색 : 색상환에서 대각선 방향의 정반대에 잇는 색을 말하며 두 색을 섞으면 무채색 이 된다.

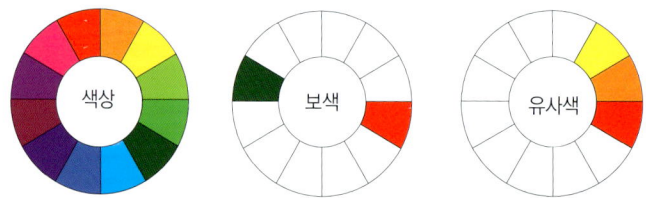

2) 명도(value)
간단히 말해서 색의 밝고 어두운 정도를 명도라고 한다. 물체의 모든 빛을 흡수하면 검정색으로 보이며 우리는 이 검정색을 어둡다고 느낀다.표면이 이처럼 빛이 반사하는 양에 따라 색의 밝고 어두운 정도를 느끼는 것이 명도이다.
명도는 우리가 색을 보고 느끼는 밝고 어두움의 정도를 말하지만, 주어진 광원을 중심으로 반사의 정도를 말할 때에는 명도를 밝기라고도 표현한다. 같은 명도의 색이라도 주어진 광원이 밝고 어두운 정도에 따라 명도가 다르게 느껴지기도 한다.

최고 채도의 순색은 각기 다른 명도를 갖는다. 노란색은 가장 밝게 느껴지고, 다음은 주홍의 순서이며, 빨강과 초록은 중간 정도의 밝기이고, 보라와 파랑은 어둡게 느껴진다. 이처럼 색상끼리의 명암상태, 색채의 밝기를 나타내는 성질, 이러한 밝음의 감각도화 한 것을 명도라고 한다. 그러므로 흰색에 가까울수록 명도는 높다고 할 수 있으며 검정색에 가까울수록 명도는 낮아진다.

3) 채도(Saturation)

색의 순수한 정도, 즉 색의 탁하고 선명한 강약의 정도를 나타내는 도이며, 색 파장이 얼마나 강하고 약한가를 느끼는 것이 채도이다.

그것은 여러 가지 색 파장이 혼합되어 물체의 표면에서 흡수되거나 반사하는 양에 따라 다르게 느껴지는 것으로 특정한 색 파장이 얼마 순수하게 반사되는가의 정도를 나타낸다. 따라서 채도는 순도, 또는 강도라고도 표현한다.

색의 순도라고도 하며, 색의 선명도 즉 색채의 강하고 약한 정도로 진한 색과 연한 색, 흐린 색과 맑은 색은 모두 채도의 높고 낮음을 가리키는 말이다. 색은 순색에 가까울수록 채도가 높으며, 다른 색상을 가하면 채도가 낮아진다. 이렇게 색의 순수한 정도, 색채의 포화상태, 색채의 강약을 나타내는 성질을 채도라고 말한다.

3. 풍선 칼라 메뉴얼

■ Fashion Solid

■ Premium Crystal

■ Fashion Pastels

■ Satin Peart

4.전문가 과정 기출문제

1)고무풍선에 대한 설명중 틀린 것은? ④
　①풍선을 불거나, 불지않았을 경우에 관계없이 온도,바람,먼지에 산화된다
　②자연에 생분해된다
　③안료를 넣어 다양한 색상표현이 가능하다
　④고무풍선에 글자등 로고인쇄를 하였을 경우 일반 풍선보다 잘 터진다

2)풍선안에 여러개의 다른 작은 풍선을 넣어 매듭을 따로 묶어주어 만드는 것은? ①
　①검볼 ②트윈벌룬 ③이중풍선 ④더블버블

3)두 개의 풍선을 함께 묶은 것을 말하며 클러스터의 기본이 되는 것은? (듀플릿)

4)헬륨탱크에 부착해 가스의 양을 조절하며 풍선을 불고, 압력을 확인할 수 있는 장비는 무엇인가? ③
　①건 ②탬플릿 ③레귤레이터 ④인플레이터

5)대형풍선 3피트풍선을 cm로 바꾸었을 때 약 몇cm인가?(90cm)

6)요술풍선으로 강아지를 만들려고 한다. 관련이 없는 기법은? ③
　①insert&seed기법 ②3-3-3기법 ③Triple기법 ④Twist기법

7)요술풍선의 기법에서 꼬집어꼬기한 방울을 반으로 나눠 작은 방울을 만들 때 쓰이는 기법은?
　(스플리트 or 쪼개기)

8)풍선묶기 중 고정식으로 실링한 은박풍선에 사용되는 묶기방법은? ①
　①고리묶기 ②Tie ③리본묶기 ④체인스티치

9)다음은 풍선장식시 많이 쓰이는 도구에 대한 설명이다. 정확한 이름을 쓰세요
　①속이 차있는 알루미늄봉이며 주로 여러 가지 구조물의 뼈대를 만드는데 사용한다
　　(알루미늄로드)
　②속이 뚫려있는 알루미늄으로 풍선의 지지대나 구조적인 주 뼈대를 만드는데 사용한다
　　(알루미늄 파이프)

10)Garland(Arch,Column,Swag)를 포함한 풍선이 들어간 모든 풍선장식을 무엇이라 하는가?
　(벌룬데코레이션)

11)가랜드의 구성이 아닌 것은? ④
　①듀플릿 ②트리플릿 ③5-클러스터 ④행잉

12) 가랜드의 길이가 6m이고, 불었을 때 풍선의 지름이 20cm일 때 가랜드에 들어가는 풍선의 개수와 식을 쓰세요. (600÷20=30단×4.7=141개)

13) 헬륨으로 할 수 있는 장식 5가지를 쓰세요.
(헬륨캐노피, 헬륨릴리즈, 헬륨부케, 환타지클라우드, 스트링오브펄아치)

14) 풍선을 산화(Oxidation)시키는 요인이 아닌 것은? ④
① 열 ② 직사광선 ③ 습기 ④ 먼지

15) 유통되어 만들어지는 링커룬 or 타이룬의 사이즈를 모두 적으세요. (6인치, 12인치)

16) 풍선가랜드의 기본적인 패턴을 5가지이상 쓰세요
(스파이럴, 작은꽃, 큰꽃, 다이아몬드, 지그재그, 화살표, 그라데이션, 스네이크)

17) 다음 중 SDS퀵 프레임 패널의 장점으로 보기 어려운 것은? ③
① 패턴을 만들기가 쉽다
② 특별한 기술이 필요없다
③ 소재가 가볍고 이동이 쉽다
④ 재료비에 비해 높은 수익을 올릴 수 있다

18) 요술풍선 기본기법 중 캐릭터를 만들 때 몸통에 주로 쓰이는 기법으로 두 개의 방울에 한 개의 방울이 통과하면서 세 개의 방울이 모아지는 기법을 무엇이라 하는가? (밀어돌리기)

19) 풍선속에 조명을 넣어 장식하는 방법 및 효과를 전문용어로 무엇이라 하는가? (라이팅)

20) 색상환의 삼각구도 색상에 맞추어 바르게 연결된 보색은? ①
① 초록-빨강 ② 파랑-검정 ③ 노랑-빨강 ④ 보라-파랑

21) 다음 중 연결이 바른 단위는? ③
① 11인치=25.4cm ② 1야드=96cm ③ 1피트=30.48cm ④ 1m=10cm

22) 전체 디자인에서 가장 강조할 부분이며, 시각적 흥미를 끌어주는 부분을 무엇이라 하는가?
(포컬포인트 or 포컬에어리어)

23) SDS퀵 프레임패널을 이용하여 가로 6M, 세로 2.4M의 무대벽면을 장식하려고 한다. 소요되는 SDS의 총 갯수는? ③
① 18장 ② 19장 ③ 20장 ④ 22장

24) 다음 설명은 요술풍선의 기법중 어느것을 설명한 것인가? ③
"틈이 없어 손가락이 통과되지 않으며, 꽃의 꽃잎을 만들 때 많이 쓰이는 기법이다"
① Pinch twist ② Loop twist ③ Fold twist ④ Spiral twist

25)풍선예술 부분의 기술과 컨셉을 가진 개인을 Balloon 전문용어로 무엇이라고 하는가?
(풍선아티스트)

26)빈 칸을 채우세요
요술풍선 한 개만 사용하여 만들어진 작품을 (원벌룬)이라고 하며, 요술풍선을 연결하여 연속적으로 만들면서 평면적이거나 수직형태의 입체감이 있도록 꼬아주는 기법을 (위빙)이라고 한다.

27)큰풍선(18인치,16인치등)안에 작은 풍선이나 다른 소품들을 쉽게 넣을수 있도록 고안된 기계를 무엇이라고 하는가? (벌룬스터퍼or풍선포장기)

28)은박풍선 중에서 자동 잠금 밸브가 없는 작은 은박풍선은 어떻게 해야 안에 들어있는 기체가 빠져나가지 않는가? (실링한다 or 열접착한다)

29)6개의 듀플릿을 엮어 구형태를 만드는 장식물을 무엇이라고 하는가? (퍼프볼)

30)돌잔치를 의뢰받게 되었다면 꼭 체크해야할 사항 5가지이상을 쓰세요.
(날짜,시간,의뢰인연락처,원하는컨셉,초대인원수,주인공성별,결제방법,견적,장소확인(실내,실외))

31)다음의 가랜드 종류 중 다른 한 가지는? ④
①큰다이아몬드 ②스파이럴 ③지그재그 ④콘쉐이프

32)헬륨풍선으로 장식시 최대한 체공시간을 얻기위한 방법이 아닌것은? ④
①풍선은 최대한 충분한 크기로 불어준다
②비가오는 날씨에는 하이플로트 처리한 풍선을 히터나 에어컨이 있는 곳에서 작업해야 한다
③하트풍선의 사용은 피한다
④최대한의 체공시간을 위해 하이플로트를 많이 넣어준다

33)풍선블록으로 볼,연결대만을 이용하여 만든 구조물에 풍선을 끼워넣는 방식으로 작게는 장난감, 크게는 로고 및 조형물등을 쉽고 빠르게 표현 할 수 있는 이 시스템을 무엇이라고 하는가?
(MADS)

34)풍선의 크기를 재는 기구의 이름은? (사이져)

35)풍선의 1봉지 단위이다. 서로 관계가 틀린 것은? ①
①646요술풍선-100개 ②90라운드-10개 ③13라운드-100개 ④30하트-100개

36)다음 헬륨을 주입한 풍선 중 체공시간이 가장 짧은 것은? ③
①40라운드 ②90라운드 ③23라운드 ④30라운드

37)본 협회의 영문도메인은? ③
　　①abpn.com ②abpn.co.kr ③abpn.or.kr ④abpn.or.jp

38)헬륨풍선을 낚시줄에 일정한 간격으로 묶어 아치처럼 만든 것은 무엇인가? ②
　　①헬륨부케 ②펄아치 ③환타지클라우드 ④헬륨릴리즈

39)풍선 가랜드로 만들 수 있는 기본적인 풍선 장식의 종류가 아닌 것은? ①
　　①환타지클라우드 ②칼럼 ③스웨그 ④아치

40)다음은 무엇을 설명한 것인가? ②
　　"풍선안에 풍선을 넣고 안쪽의 풍선만을 불어서 두겹짜리 풍선을 만든 것으로,
　　풍선의 내구성을 높이고, 독특한 풍선색깔을 만들어낼 수 있다"
　　①Gumball ②Double-stuff ③Oxidation ④Double bubbles

41)헬륨을 주입한 은박풍선에 대한 설명이다 ( )을 채우세요
"은박 풍선에 헬륨가스 주입시 온도에 민감하여 더운곳에서 불어진 은박 헬륨풍선을 차가운곳으로 가지고 들어왔을 경우 (수축)하며, 차가운곳에서 불어진 은박헬륨풍선을 더운곳으로 가지고 들어왔을 경우에 헬륨이 (팽창)하여 풍선이 터지는 경우가 있다"

42)풍선장식을 할 때 산화를 줄이기 위한 방법이 아닌 것은? ④
　　①풍선의 외부에 벌룬샤인을 뿌려준다
　　②직사광선을 피한다
　　③작업을 마친 풍선을 공기가 들어가지 않도록 비닐에 넣어 묶어놓는다
　　④인쇄풍선을 많이 쓴다

43)다음 중 헬륨가스통 관리시 주의할 사항이 틀린 것은? ③
　　①헬륨가스통을 차량으로 운반시에는 레귤레이터를 분리하고 캡을 씌운다
　　②헬륨가스통을 직사광선에 두면 헬륨이 팽창하여 압력이 높아질 위험이 있으므로 피한다
　　③헬륨가스통의 벨브를 열 때에는 가스량을 확인하기 위해 얼굴정면에 놓고 천천히 연다
　　④헬륨가스통은 다 쓴 빈통이어도 매우 무겁기 때문에 항상 체인을 이용해서 고정해놓는다

44)요술풍선의 경우 공기주입시 자주 공기를 넣었다 뺐다하거나 만들 때 여러번 꼬았다 풀렸다 반복하면 안되는 이유를 쓰세요
　　(한번에 공기를주입해야 요술풍선의 두께가 울퉁불퉁하지않고 일정하게 나오며, 풍선이 늘어져서 잘 풀리고 방울모양이 일정하게 나오지않기때문)

45)바람이 불고 햇볕이 바로 쬐는 장시간 야외행사시 권하지 않는 장식을 모두 고르세요 (①,③)
　　①야외이므로 요술풍선으로 장미꽃을 만든 화려한 아치를 설치한다
　　②두겹으로 투피작업을 해준다
　　③헬륨풍선을 풍성하게 많이 써준다
　　④플라스틱 받침대신 물통받침대를 사용한다

46)요술풍선으로 동물의 움직이는 눈이나 새끼를 임신한 강아지를 표현할 때 쓰이는 기법은? ①
①인서트앤시트 ②밀어넣기 ③꼬집어꼬기 ④후크꼬기

47)크리스마스트리처럼 밑단에서 위로 올라갈수록 풍선의 사이즈를 줄여나가는 가랜드를 무엇이라고 하는가? ④
①지그재그형 ②스파이럴형 ③사각가랜드 ④옥수수가랜드

48)다음 중 풍선장식때 가장 오래가는 풍선은? ④
①646풍선 ②350풍선 ③30라운드풍선 ④은박풍선

49)다음은 어떤 풍선에 대한 설명인가?(링커룬or타이룬)
"풍선 주입구 반대쪽에 꼭지가 달려있어 풍선끼리 묶어 작업시 낚시줄이 필요없으며,
매우 빠른 시간에 작업이 가능하고, 입체적인 조형물은 크고 손쉽게 만들 수 있다"

50)은박풍선에 대한 설명이 틀린 것은? ②
①16인치 은박풍선이란 불지않았을 때의 크기를 말한다
②16인치 은박풍선이란 헬륨을 넣어 실링까지 처리한후의 크기를 말한다
③은박풍선을 헬륨릴리즈 하지 않는다
④4인치 은박풍선을 실링할때는 실링기가 없으면 다리미를 사용해도 된다

51)잠그기나 고리꼬기 방울사이로 다른 방울을 말아넣는 기법은? ④
①insert&seed ②hook twist ③triple ④roll-through

52)다음 가로안을 채우세요
풍선을 들어 올릴 수 있는 최대의 힘을 (부력)이라 하고, 풍선에 헬륨을 넣은 후 풍선이 공중에 머물수 있는 시간을 (체공시간)이라고 한다

53)클리어풍선처럼 불었을 때 속이 훤히 비치는 풍선칼라는? ④
①파스텔색상 ②표준색상 ③메탈펄색상 ④쥬얼톤색상

54)폭 6m, 높이 3m의 아치를 만들려고 한다. 이때 풍선아치의 길이를 구하는 공식은? ②
①아치길이=2×높이+폭 ②아치길이=높이+폭
③아치길이=1.2×높이+폭 ④아치길이=1.5×높이+폭

55)다음 가로안을 채우세요
"벌룬릴리즈를 할 경우 사용하는 가스는 (헬륨)이며, 벌룬드롭을 할 경우에는 공기 또는 (질소)를 사용한다."

56)요술풍선 기법중 pinch twist가 사용되는 경우를 4가지 이상 쓰세요
(방향전환, 귀모양, 입술모양, 마무리할 때, 터뜨려나누기할 때, 고정할 때, 쪼개나누기할때)

57)다음 (   )을 채우세요
색의 3속성 중 빛의 파장 자체를 나타내는 것은 (색상)이고, 밝고 어두운 정도를 나타내는 것은 (명도)이고, 색파장의 순수정도를 나타내는 것은 (채도)이다.

58)다음은 무엇에 관한 설명인가? 빈칸을 채우세요
"Garlands를 여러개 만들어 함께 붙여 무대등의 벽을 만들어 장식하려 한다. 이것을 풍선전문용어로 (뮤럴)이라고 한다

59)다음 가랜드의 설명중 ( )에 들어갈 말을 쓰세요
"풍선 2개의 주입구를 함께 묶는것이며, 모든 풍선장식의 기초단위는 (듀플릿)이며, 3-6개의 많은 풍선들의 주입구를 함께 묶어 가랜드를 만들 때 사용하며, 가랜드의 기본단위는 (클러스터)라고 한다"

60)다음 설명은 어떤 헬륨장식을 말하는가? ②
　"둥근 덮개모양의 풍선지붕을 말하며, 여러개의 펄 아치를 일정한 간격으로 연결해 만든 헬륨 조형물"
　①헬륨릴리즈 ②헬륨캐노피 ③스트링 오브 펄아치 ④헬륨부게

61) 다음중 풍선 가랜드의 기본패턴중 다른 하나는? ②
　①그라데이션형 ②콘쉐이프형 ③ 다이아몬드형 ④화살표형

62)다음중 가랜드의 종류가 아닌 것은? ④
　①swag ②Hanging ③Column ④Cluster

63)다음 중 개발자의 이름이 들어있지 않은 것은? ①
　①링커룬풍선 ②RMS시트 ③팔콘풍선 ④SDS패널

64)헬륨으로 할 수 있는 장식이 아닌 것은? ④
　①환타지클라우드 ②센터피스 ③스트링오브펄아치 ④행잉

65)다음 빈칸을 채우세요
"가랜드의 표현방법 중 똑같은 길이로 표현했을 때 풍선의 갯수가 많이 들어가는 가랜드는 (사각 가랜드)이고, 풍선이 적게 들어가는 가랜드는 (듀플릿사각가랜드,듀플릿스퀘어팩가랜드)이다"

66)어두운 색은 밝은 색보다 무거워보이며, 색상과 크기에 따라 균형감이 달라진다. 이것을 무엇이라 하는가? (시각적무게)

67)컬링리본 1개는 약500yd이다. m로 환산하면 몇m인가?(소수점이하절사)
　(91.44x500÷100=457.2 457m)

68) 아치의 높이가 5m이고 폭이 4m인 아치를 모델하우스 입구에 세우려고 한다. 아치의 총 길이는? ③
①9m ②12m ③14m ④16m

69) 트윈벌룬과 검볼풍선의 가장 큰 차이점을 적으세요
(주입구를 함께 묶느냐 따로따로 묶느냐의 차이)

70) 헬륨캐노피, 헬륨부케, 헬륨릴리즈 장식에 쓰이는 묶는기법을 3가지 쓰세요
(고리묶기, 리본묶기, 체인스티치)

71) 다음 요술풍선260n에 대한 설명이다 틀린 것은? ③
①길이는 제조사별로, 부는 사람에 따라 길이에 차이가 있다
②단위가 인치일 경우 풍선을 끝까지 불었을때 길이가 60인치이다
③260숫자뒤에 n은 네온풍선을 의미한다
④요술풍선260에서 숫자2는 불었을 때 둘레가 2인치를 의미한다

72) 원형테이블 위에 화기와 함께 헬륨풍선으로 센터피스를 하려고 한다. 센터피스 작업시 행사장의 전경 또는 상대방의 시선을 방해하지 않도록 권장하는 높이/크기를 적으세요 (61)cm이상/ (35)cm이상

73) sds 판넬의 가로와 세로의 길이는? (60cm×120cm)

74) 풍선장식을 할때 출입구 장식의 목적과 기대효과는 무엇입니까?
(행사를 알리고 행사에 대한 흥미를 유발시키기 위해서)

75) 헬륨에 영향을 주는 요소가 아닌것은? ②
① 온도 ② 색상 ③ 무게 ④시간

76) 홍보용 인쇄 풍선의 인쇄 방식은 어떤 방식을 사용하는가? (실크 스크린인쇄방식)

77) 사)아시아벌룬파티협회의 공식 사이트 주소를 적어보세요. (www.abpn.or.kr)

78) 풍선을 띄울때, 수소를 쓰지 못하는 이유는 무엇인가? (인화성 물질이기 때문에)

79) 헬륨은 (고도)와 (온도)의 영향을 많이 받는다.

80) 스파이럴 가랜드를 엮으려고 한다. 최소한 필요한 칼라는? ②
① 1가지 ② 2가지 ③ 3가지 ④ 4가지

81) sds패널에 사용하는 은박풍선의 사이즈를 쓰시오. (9인치)

82) 공기를 주입한 후 시간이 지나면 빠지는 이유를 쓰시오.
(표면의 미세입자 사이를 통해 공기와 헬륨이 통과하여 시간이 지날수록 작아진다)

83) 풍선칼라 메뉴얼을 쓰세요. (기본, 크리스탈, 파스텔, 펄)

84) 핫글루의 온도는 ? (375도)

85) 고무풍선과 은박풍선에 모두 사용 할 수 있는 글루건은 어떤 종류의 것인가? (저온글루건)

86) 풍선을 불어서 모양을 만들경우 여러 번 꼬았다 풀었다 를 반복하면 안되는 이유를 설명하시오
(한번 모양을 만든 풍선을 꼬였던 부분에 탄성이 약해져서 원하는 위치에 꼬임을 만들 수없게 되어 정확한 모양을 만들기 어렵다)

87) sbs의 한 셀의 크기를 적으시오? (15cm×15cm)

88) 요술풍선의 종류가 아닌것은? ④
① 160 ② 350 ③ 260 ④ 540

89) 풍선작업을 할 때 많은 양의 풍선을 불기위해 필요한 장비는 ? (인플레이터)

90) 낚시줄에 헬륨풍선을 일정한 간격으로 엮어 만든 장식기법을 무엇이라고 합니까?
(펄스트링 아치)

91) 물 풍선처럼 헬륨풍선의 무게추로 사용한 수있는 3가지 이상 적으시오.
(모래주머니, 바구니, 인형, 소품 등)

92) 하트풍선을 써야하는 작업인데 하트 풍선이 없을 경우 하트 모양을 대체할 수있는 풍선은?
(지오도넛 풍선)

93) 할로윈 장식에 많이 사용되는 색상을 2가지 이상쓰시오. (오렌지, 블랙, 퍼플)

94) 풍선 구조물 작업시에 미리 파악 해야 할 사항을 적으시오
(작업장소가 실내인지 실외인지, 이동이 용이성이 있는지, 공간의 크기가 적당한지 등)

95) SDS패널에 들어가는 풍선의 종류를 쓰시오. (5인치, 9인치, 11인치, 9인치 사각호일풍선)

96) 풍선 장식을 할 때 특별히 공식적인 행사장에서 강조해야 할 부분이 아닌것은? ④
① 입구 ② 메인무대 ③ 뷔페 테이블 및 주빈석 ④ 무대 뒤편 출입구

97) 어느 기업에서 사원과 가족을 초청하는 파티장식을 의뢰해왔다. 벽면에 회사로고를 눈에 띄게 넣어달라는 클라이언트의 요구가 있다면 풍선벽을 만들어 로고를 붙일 수 있는 방법을 4가지 이상 쓰세요. (sds, mads, rms, 듀플릿사각가랜드, 링커룬)

98) 현재 판매되고 있는 지오풍선이 아닌것은? ②
　　① 지오꽃 6"　② 지오도넛6"　③ 지오꽃16"　④ 지오도넛16"

99) 가끔 뉴스에서 행사장에 띄어둔 에드벌룬이 폭발해서 행사장에 사람들이 다치는 사고를 접하게 된다. 에드벌룬에 가스주입시 헬륨보다 가력이 저렴한 수소가스를 주입했을 경우에 이런 사고가 발생한다. 헬륨의 특성중 어떤점이 수소와 다르기 때문인가?
 (헬륨은 무색, 무미, 무취로 불활성 가스로 폭발성이 없기때문이다)

100) 본 협회 AB&PN은 아시아 지역의 벌룬아티스트 라이센스를 발행하는 사단법인으로서 풍선아트, 파티플래너, 파티페인팅, 플라워아트 전문가 육성을 목표로 하고 있는 협회입니다. 우리협회의 영문약자인 AB&PN을 한글로 정확하세 쓰세요
　　((사)아시아벌룬 앤드 파티 협회)

Workshop 갤러리

사)AB&PN

사)아시아 벌룬 파티 협회 지부는
매월 정기 워크샵을 통해서
새로운 분야를 접목하고 지부 상호간에
비전과 친목도모를 위해 앞장서고 있습니다.
앞으로도 서로에게 어깨가 되어
사업도.. 나눔도 ...
성장하는 협회의 모습을 기대합니다.

Workshop 갤러리

사)AB&PN

사)아시아 벌룬 파티협회의 비젼은

사업과 나눔입니다 .

협회가 가지고있는 달란트를 충분히

활용하기 위해 나눔을 실천하고 있습니다 .

2007년 협회 창단이래 2010년 10월

현재까지 관악 정신지체 복지관에서

장애우를 대상으로 매주 1회씩

풍선아트교실을 운영하고 있습니다.

또 해마다 졸업시즌을 맞아 꽃다발을

만들어 판매한 수익금을 모아 독거노인들에게

쌀을 배달해 드리고 있습니다.

2010년 2월을 시작으로 미혼모 시설에

찾아가 2달에 한번씩 백일 된 아기들을

위해 백일 파티를 열어주고 있습니다.

협회 임원 지부장님 각 회원들이 모인

축복의 손길들입니다.

이 자리를 빌어 다시 한번 수고의 손길에

함께 하신 모든 회원님들께

감사의 말씀을 올립니다.

정신지체 수업후 파티현장

2010년 10월10일
협회장 전경숙

정신지체 수업현장

미혼모시설 백일파티현장

독거노인 야유회

임원 지부장 명단

회 장	전 경 숙
국외 임원	싱가포르 DAVID TAN
국내 운영위원	교육위원장 조 진 영
	검정위원장 최 수 영
	경조위원장 안 소 연
협회 홍보팀장	한 정 희
협회 총무팀장	안 소 연
강서지부	신 미 애
광주지부	조 진 영
구로지부	박 을 규
구미지부	권 영 선
군포산본지부	최 명 희
김해지부	최 숙 진
뉴욕지부	민 선 미
뉴저지지부	명 윤 희
대구지부	곽 미 진
대전지부	박 은 하
동작지부	박 대 현
부천지부	안 소 연
성남지부	신 지 영
수원지부	장 미 정
안양지부	이 점 숙
양천지부	박 정 은
용인지부	안 현 미
일산지부	김 은 정
인천서양지부	최 수 영
인천남구지부	한 정 희
종로지부	김 명 숙
제주지부	강 용 진
청주지부	안 연 희

www.abpn.or.kr 클릭하시면 자세한 내용을 확인하실 수 있습니다.

사)AB&PN를 찾은 당신은 이미 프로입니다.
도전하세요...!!
도전은 나를 키우는 힘입니다.

강의프로그램 안내

풍선아트
■ 꿈이 시작되는 21세기 NEW 문화아이템!!
아이에게 엄마표 장난감을 만들어주는 멋쟁이 엄마로,
온가족의 특별한 날을 직접 연출하는 사랑스런 아내로,
풍선을 통해 기쁨도 주고 성취감도 느낄 수 있습니다.

파티플래너
■ 세상에서 하나뿐인 특별한 파티!!
21세기 문화로 떠오르고 있는 파티는 정보와 지식의 교환수단의
장으로 활용되어 기획, 연출, 테마 등을 토대로 한 파티를 제안하는
파티플래너 수요가 점차 많아 지고 있습니다.

리본&포장
■ 내 손으로 만드는 아름다운 아이템!!
리본을 이용하여 머리띠, 코사지 등의 다양한 액세서리나
생활소품, 선물포장, 웨딩이나 크리스마스 선물에 이르기까지
생활속에서 폭넓게 활용할 수 있습니다.

파티페인팅
■ 키즈파티나 행사에서 절대적인 존재!!
다양한 칙아트부터 테마파티별 다양한 페인팅기법을
누구나 손쉽게 배우고 활용할 수 있도록 최고의 프로그램이
여러분을 기다리고 있습니다.

플라워아트
■ 현대 인테리어소품의 Best of Best!!
플라워아트는 공간장식, 테이블장식, 벽장식 그리고 코사지나
부케등 현대 생활에서 그 활용 범위가 대단히 넓은
디스플레이 아이템입니다.

교육문의
2615-2791
www.abpn.or.kr

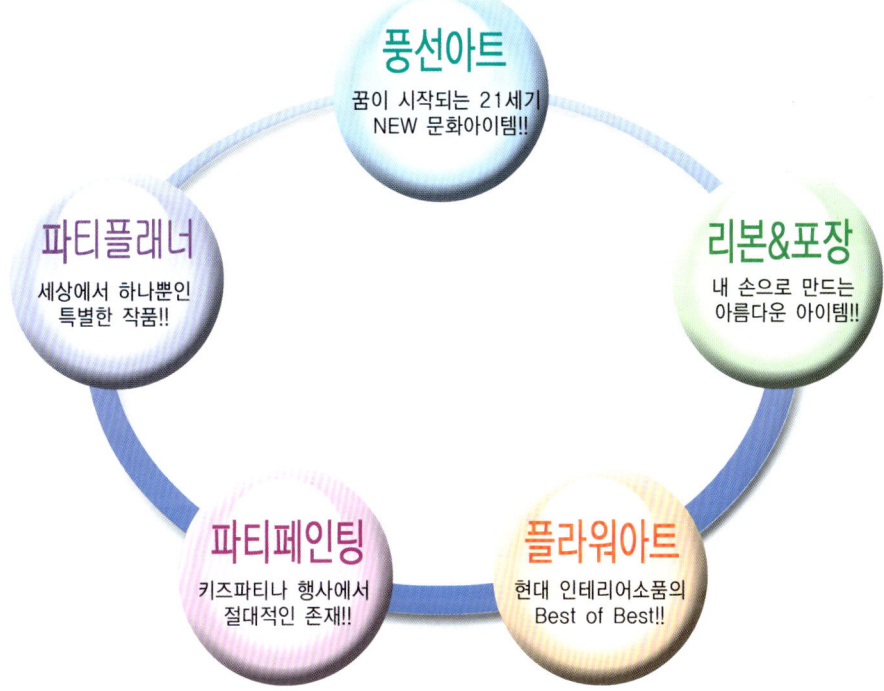

풍/선/천/사/아/카/데/미

전문가반 강의 커리큘럼

■ 풍선아트 1급 과정

TIME	교육내용
1Time	요술풍선 다지기1
2Time	요술풍선 다지기2
3Time	위빙의 새로운기법
4Time	위빙의 응용1
5Time	위빙의 응용2
6Time	클래식 데코레이션
7Time	변형아치
8Time	대형작품
9Time	M.A.D.S 기본
10Time	M.A.D.S 응용
11Time	실용공예1
12Time	실용공예2
13Time	테이블데코
14Time	헬륨릴리즈
15Time	대형조형물
16Time	마케팅
17Time	졸업작품1
18Time	졸업작품2

■ 풍선아트 2급 과정

TIME	교육내용
1Time	요술풍선 기법
2Time	요술풍선 원벌룬
3Time	위빙기법
4Time	클래식 데코레이션
5Time	돌장식
6Time	로드활용
7Time	RMS, SDS의 활용
8Time	풍선공예
9Time	센터피스
10Time	M.A.D.S 기초
11Time	헬륨
12Time	링커룬 활용

■ 파티페인팅 2급 과정

TIME	교육내용
1time	FacePainting의 개요/기법
2time	칙아트 그리기
3time	캐릭터 그리기
4time	환타지분장, 네일페인팅
5time	템포러리 기법의 패션타투
6time	삐에로분장, 동물분장

■ 파티플래너 2급 과정

TIME	교육내용
1Time	오리엔테이션
2Time	파티기획의 3요소
3Time	파티
4Time	Balloon/패브릭Decoration
5Time	Flower Decoration
6Time	파티에 필요한 선물포장
7Time	파티실무/파티용품 시장조사
8Time	푸드 스타일링1
9Time	푸드 스타일링2
10Time	파티진행 & 레크레이션
11Time	파티 마술
12Time	파티 페인팅
13Time	다양한 이벤트/파티 옵션
14Time	파티 실무/고객관리
15Time	졸업파티

추천의 글

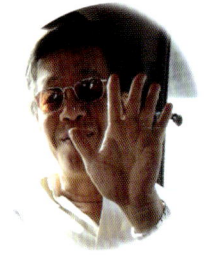

풍선은 비행으로부터 심장수술까지 수도 없이 많은 용도에 쓰이고 있지만, 가장 매혹적인 점은 우리에게 즐거움을 준다는 점입니다.

풍선 및 파티산업은 전 세계적으로 빠른 속도로 성장하고 있고, 다양한 창조적 가능성을 많이 제공하고 있다는 것은 이미 잘 알려져 있습니다. 저는 이 책의 서문을 쓰게 된 것을 영광으로 생각합니다.

동남아시아에서 잘 알려진 전경숙씨는 여러 해 동안 우리들의 선생님이 되어 주었습니다.

여러 워크샵을 거치고 기본적인 기술을 실습과 함께 익히는 과정에서의 그녀의 가르침 덕분에, 우리는 Table Centerpiece와 풍선공작, 풍선아치, 풍선기둥, 풍선벽 등 다양한 디자인을 구성할 수 있게 되었습니다.

고객을 이해하는 방법 또는 과거의 가치에 신선한 아이디어를 접목하는 등의 간단한 전략에 이어, Asia Ballonn & Parties Network(ABPN)은 현재까지 굳건한 입지를 다져 왔고, 이에 따라 ABPN은 이 지역에 있어 가장 잘 알려지고 믿을만한 Balloon Network로 알려져 왔습니다.

이 책을 소유하신 당신께 항상 행운이 가득하길 바라며, 행복한 시간 되시기 바랍니다.

David Tan Singapore

풍선에 대한 깊은 애정과 열정이 오늘의 전경숙 벌룬 아티스트가 있게 되었다고 생각합니다. 국내에서 최초로 2007년 국제적인 풍선 네트워크인 사)아시아 벌룬 파티협회를 창립하여 회장직을 맡아 그 조직을 성공적으로 이끌어 오고 있으며, 국내 풍선 아티스트 중 유일하게 국제적인 세미나에 강사로 초청받아 국내뿐 아니라 해외에서도 풍선 아트의 보급과 발전을 위해 활발히 활동을 해 오고 있습니다. 무엇보다도 새로운 디자인의 창작과 보급에 많은 역할을 해오고 있습니다.

지루한 무더위가 가고 천고마비와 결실의 계절인 이 가을에 오랜 산고를 겪으며 드디어 풍선아트의 새 장을 열 새로운 풍선아트 출간을 보게 됨을 진심으로 축하하고 기쁘게 생각하며 많은 박수를 보냅니다. 국제적인 트랜드 가 많이 가미되고 실경험에서 축적된 노하우를 바탕으로 한 이 책으로 인하여 향후 우리의 풍선아트와 풍선 시장에 많은 보탬이 되기를 진심으로 기원합니다. 아울러 저자이신 전경숙 회장님과 앞으로 이 책을 보시게 될 수많은 분들과 또한 풍선 업에 종사하시는 많은 분들의 앞날에 무궁한 발전이 있기를 기원합니다.

2010년 10월10일
셈퍼텍스 한국대리점 정진상사 대표 김 병 기